멘탈 리셋

부와 성공의 '비밀'

멘탈 리셋

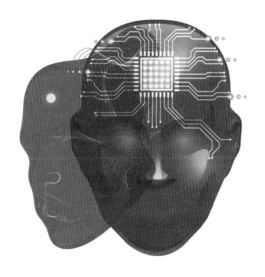

복성 지음

N넥스웍

만약 네가 영혼의 평화와 행복을 원한다면, 믿어라.
다만 네가 진리의 사도가 되려 한다면, 질문하라.

– 니체 Friedrich Wilhelm Nietzsche

이 책은 인류가 태곳적부터 품어온 부와 성공을 얻는 '비밀'에 대한 근본적인 질문들을 다루고 있다.

'비밀'이란 무엇인가? 왜 소수의 사람만이 '비밀'을 알았을까? 지금까지 이 '비밀'에 대해 다양한 분야에서 수많은 책들이 나름대로 해석들을 내놓았다. 그럼에도 아직까지 그 '비밀'의 퍼즐 조각을 정확히 맞추지는 못하고 있다.

여기서 중요한 사실은 오직 '비밀'의 문을 직접 열고 들어간 사람만이 '비밀'을 온전히 알려줄 수 있다는 것이다. 자동차 보닛을 열어봐야 자동차의 작동 원리와 방법을 제대로 알 수 있듯이, '비밀'의 문을 열고 들어가야만 '비밀'의 원리와 작동하는 방법을 온전히 이해할 수 있다.

'비밀'의 문을 들어가지 못한 사람들은 '비밀'을 알았던 사람들의 말이나 연구를 통해 '비밀'이 무엇인지 겉모습은 말할 수 있지만, '비밀'의 원리와 작동하는 방법에 대해서는 설명할 수가 없다. '비밀'은 지식이나 연구가 아니라, 체험해야만 알 수 있기 때문이다. 그래서 이 책은 체험을 통한 원하는 것을 얻는 '비밀'의 이론서이자 실용서다.

이 책의 '비밀'은 "뿌리는 대로 거둔다."는 것이다.

당신이 뿌린 생각이 현실을 창조한다. 눈에 보이지 않는 씨앗과 뿌리(원인)가 눈에 보이는 열매(결과)를 만든다. 그리고 한 번 영근 열매는 바꿀 수 없다. 나아가 열매로 열매를 바꿀 수 없듯이, 결과로 결과를 바꿀 수는 없다. 결과를 바꾸려면 오직 원인을 바꿔야 하듯, 현실을 바꾸려면 생각(기억)을 바꿔야 한다. 따라서 당신이 멘탈을 리셋하면 현실은 완전히 바뀐다. 이것이 멘탈 리셋이자 당신이 원하는 것을 얻는 '비밀'이다.

당신이 '비밀'의 열매를 얻기 위해서는 원인과 결과를 만드는 마음의 세 가지 법칙, 즉 '상호의존성의 법칙', '상호침투성의 법칙', '끌어당김의 법칙'을 이해해야 한다.

먼저 상호의존성의 법칙은 하나의 세계를 두 세계로 분리한다.

다음으로 상호침투성의 법칙은 두 세계를 하나의 세계로 합일한다.

마지막으로 끌어당김의 법칙은 멘탈이 상호의존성의 법칙을 따르면 두 세계는 서로를 끌어당기고, 멘탈이 상호침투성의 법칙을 따르면 비슷한 것끼리 서로를 끌어당긴다.

자세히 설명하면 당신의 멘탈이 상호의존성의 법칙을 따르면, 부메랑처럼 당신의 의도와 정반대의 결과를 낳는다. 하나의 세계에서 분리된 두 세계는 고무줄의 양쪽 끝으로, 한쪽을 당기면 반대쪽은 자동적으로 끌려오기 때문이다. 즉, 긍정적인 생각은 부정적인 것을 끌어당기고, 부정적인 생각은 더 부정적인 것을 끌어당긴다. 그래서 당신이 부자가 되려고 노력할수록 가난하게 되고, 성공하려고 노력할수록 실패하게 되고, 건강을 관리할수록 아픈 데가 많아지고, 문제를 해결하면 다른 문제들이 생긴다.

하지만 당신의 멘탈이 상호침투성의 법칙을 따르면, 당신의 소망과 일치하는 것을 우주로부터 끌어당겨 현실로 나타나게 한다. 그래서 부는 부를 끌어당기고, 성공은 성공을 끌어당기고, 건강은 건강을 끌어당긴다. 이것이 자연의 법칙이자 뿌리는 대로 거두는 '비밀'이다.

인류 역사상 위대했던 소수만이 이 '비밀'을 알고 멘탈을 리셋해서 그 열매를 온전히 얻었다. 하지만 사람들은 이 '비밀'을 믿으려면 그만한 근거가 있어야 한다고 생각한다. 굳이 이론적으로 따져보고 싶은 독자들은 예수와 부처, 노자와 장자, 라마나 마하리쉬와 지두 크리슈나무르티, 데카르트와 스노피자, 라이프니츠와 쇼펜하우어, 헤겔과 에머슨, 켄 윌버 등과 같은 이들의 책을 읽어보라. 표현만 다를 뿐이지 내용은 같다는 사실을 금방 알 것이다.

그렇다면 오늘날 '비밀'에 대해 말하는 사람들은 실제로 '비밀'의

문을 열고 들어간 사람들일까? 이것에 대해 어느 누구도 그들이 말하는 '비밀'에 대해 의문시하지 않았고, 심지어 검증하려 들지도 않았다. 그것에 의문을 갖는 것조차 금기시하였고, 검증하려는 행위는 마치 신을 부정하는 것처럼 마녀사냥을 했다. 그 결과 어디에서도 완전한 '비밀'의 원리와 작동하는 방법에 대해서는 듣지도 보지도 못하게 되었다.

결국, 지금까지 '비밀'에 대해 말했던 사람들은 모두 '비밀'의 문을 열고 들어간 적이 없었다고 할 수 있다. 그들은 부와 성공을 얻는 원리와 방법에 대해서는 결코 알 수 없다. 물론 그들이 말하는 불완전한 비밀을 철석같이 믿고 실천한 소수의 사람들은 혜택을 받았다. 하지만 받은 혜택으로 인해 다른 문제들이 생겨났거나, 시간이 지나면서 받은 것보다 더 많은 것들을 잃어버렸다.

멘탈을 리셋하지 않는 불완전한 비밀을 실천하면 항상 정반대의 결과를 낳는다. 다시 말해 당신이 불완전한 비밀을 실천한다는 것은 절벽을 향해 스스로 걸어가는 어리석은 행동과 같다고 할 수 있다.

완전한 '비밀'의 원리와 작동하는 방법에 대해 말할 수 없다면 침묵해야 한다. 왜냐하면 불완전한 비밀은 사람들로 하여금 오히려 불행을 자초하게 만들기 때문이다. 수많은 사람들이 불완전한 비밀로 원하는 것을 얻으려는 노력으로 인해 더 많은 것을 잃어버리는 고통에서 벗어나지 못하고 있다. 이처럼 세상을 바라보는 마음의 구조, 즉 멘탈을 리셋하지 않고 현재의 상황과 환경을 바꾸려는 모든 노력들은 자연의 법칙에 대항해서 싸우는 어리석은 행동일 뿐이다.

나아가 인류는 문명과 과학이 발달했는데도 아직까지 가난에서 벗어나지 못하고 있다. 왜 그럴까?

부를 평등하게 분배하고 가난한 사람을 돕는 것만으로는 가난이 해결되지 않는다. 가난한 사람들이 이 책의 '비밀'을 실천해서 모두 부자가 되면 가난한 사람은 자연히 사라진다. 이것이 인류를 가난에서 해방시킬 유일한 길이며, 가난한 사람을 도울 수 있는 최상의 방법이다.

그렇다면 당신은 사람들에게 원하는 것을 얻게 해준다는 미명 아래 행해지는 모든 것들에 대해 깊이 생각해봐야 한다. 그런 것들은 멘탈을 리셋하게 하는가? 그렇지 않다. 그 결과 사람들은 책을 읽거나 세미나와 교육을 통해 시각화의 힘, 긍정의 힘, 마음 관리 등등 수많은 자기계발 방법들을 활용했지만 어떻게 되었는가? 멀리 갈 것도 없이 당신을 생각해보라. 두말할 필요도 없이 늘 실패만 거듭했을 것이다.

물론 일시적인 효과는 있었을 수도 있다. 하지만 얼마 지나지 않아 어김없이 원래의 상태로 되돌아왔을 것이다. 아니, 당신이 얻은 것보다 더 많은 것을 잃어버렸거나, 더 많은 문제들이 생겨났을 것이다. 이렇듯 지금까지 당신은 스스로 자신의 무덤을 파는 삶을 살아왔다.

우주는 당신이 원하는 것이 무엇이든 정확하게 알고 있으며, 이미 이루어놓고 가져가기를 원하고 있다. 하지만 당신이 우주에게 요청하지 않아서 가난을 면치 못하고 있다. 그래서 당신의 부는 당신이 생각한 만큼만 늘어난다.

당신이 원하는 것을 얻으려면, 멘탈을 리셋하는 세 단계를 거쳐야 한다.

1단계는 원하는 것을 '상상하라'다.
2단계는 이미 이루어져 있는 것을 '믿어라'다.
3단계는 받은 것에 '감사하라'다.

그리고 단계마다 당신의 멘탈을 상호의존성에서 상호침투성으로 리셋하는 방법은 '자기암시'와 '자기탐구'다. 이것이 '비밀'을 작동하게 하는 올바른 방법이다.

이 책에서 말하는 '비밀'은 수학이나 물리학처럼 엄밀한 과학이다. 아무리 어려운 수학 문제도 푸는 원리와 방법만 알면 쉽게 풀리듯, 부와 성공을 얻는 '비밀'도 원리를 이해하고 멘탈을 리셋하면, 누구나 원하는 것을 얻을 수 있다. 그래서 내용을 전달하는 방식이 대체로 단정적이면서 명령적이다. 그만큼 이 '비밀'을 확신하기 때문이다. 그럼에도 이 책을 읽는 데 불편함을 느끼는 독자도 분명히 있을 것이다. 하지만 당신이 이 '비밀'을 믿고 멘탈을 리셋하도록 안내하기 위해 선택한 방편이니 그런 불편함을 극복하고 읽는다면, 위대한 사람들이 말하는 '비밀'을 깨달을 수 있을 것이다.

이제부터 당신은 검증할 수 없는 이론이나 서적, 교육 등에 한눈을 팔아서는 안 된다. 한눈을 팔면 의심이 생기고 확신이 없어진다. 그러면 당신의 멘탈이 흔들려 원하는 것과는 점점 더 멀어진다.

이 책을 비판하는 사람들이 말하는 모든 것들을 깡그리 마음속에서 지워야 한다. 그들의 논쟁에 말려들어서도 안 된다. 그들은 자기모순에 빠지게 할 뿐이다.

사주, 토정비결, 운세, 무속인 근처에는 얼씬도 해서는 안 된다. 특별한 종교나 종파나 스승을 찾아서도 안 된다. 진정한 스승은 언제나 당신뿐이라는 사실을 명심하자. 당신이 처한 상황이 어떻든 비관하지 말자. 그런 것들은 모두 당신을 미로에 빠뜨려 방향감각을 잃게 해 시간을 낭비하고 기회를 놓치게 할 뿐이다. 오직 당신이 원하는 것에만 관심을 온통 쏟아야 한다.

이 책의 '비밀'을 믿고 멘탈을 리셋하는 사람은 무엇이든 얻을 수 있다. 행복이든 건강이든 금전이든 깨달음이든 그게 얼마나 대단하든 상관이 없다. 다만 완전한 '비밀'의 원리와 법칙을 이해하고, 멘탈을 리셋하는 올바른 방법을 실천해야 한다. 그러려면 이 책을 생명만큼 소중히 여겨야 한다. 내 몸의 일부라고 생각하고 매일 휴대하자. 잠꼬대할 때조차도 내용이 입으로 술술 나올 때까지 계속해서 읽어야 한다. 그리고 이 '비밀'을 굳게 믿고 묵묵히 멘탈을 리셋하자.

이것이 당신이 원하는 것을 얻는 가장 빠르고 확실한 지름길이다.

"상상하라, 믿어라, 감사하라. 그러면 원하는 것이 무엇이든 얻을 것이다."

지리산 천왕봉 아래에서

복성福星

1 이 책에서 말하는 우주는 물리적인 우주와 영적인 우주 모두를 말한다. 우주는 표현만 다를 뿐 종교적으로는 신, 하나님, 하느님, 야훼, 알라, 브라흐만, 천天, 도道, 리理, 한울님 등 위대한 영이고, 과학적으로는 진리이며, 철학적으로는 실재나 절대와 같은 의미다.

2 이 책은 19세기 미국에서 시작된 신사상 운동New thought movement이 아니다. 나아가 그리스도교나 힌두교나 불교 등 그 어떤 종교와도 아무런 관련이 없다. 철학과 과학에 대한 것도 아니다. 하지만 종교와 철학과 과학의 집합체라고 할 수 있다.

3 이 책을 읽는 독자가 완전한 '비밀'과 불완전한 비밀을 구분하기 쉽도록 작은따옴표를 사용하여 완전한 '비밀'을 표기하였다. 또한, 하나의 세계에 경계선을 그어 두 개의 세계로 분리되면 '/'로 표시(음/양)하였고, 반면에 두 세계가 하나의 세계로 합일하면 '과(와)'로 표시(음과 양)하였다.

4 이 책을 읽는 독자의 이해를 돕기 위해 두 세계를 선/악, 성공/실패, 삶/죽음, 특히 부자/빈자의 생각과 행동이 얼마나 다른가, 즉 '사고방식'에 대해 부자/빈자를 극단적으로 구분하였다. 그렇다고 가난한 사람을 무시하거나, 부자가 가난한 사람보다 낫다고 여기는 것은 아님을 밝혀둔다.

5 이 책에서 말하는 '비밀'의 혜택은 물질적인 것과 심리적인 것 모두를 포함한다. 하지만 '비밀'은 마음의 법칙이기 때문에 물질적인 것과 심리적인 것이 반드시 병행하는 것은 아니다. 그래서 물질적인 것을 얻었더라도 심리적인 것을 얻지 못하거나 잃어버렸다면, '비밀'의 혜택을 받지 못한 것이다. 반면에 물질적인 것은 얻지 못했더라도 심리적인 것을 얻었다면 혜택을 받은 것이다.

6 인용문 대괄호[ ] 안의 내용은 의미를 보충하기 위해 삽입한 문구다. 그리고 용어 해설은 네이버를 참고했다.

CONTENTS

3부
'비밀'의 주의사항

1부

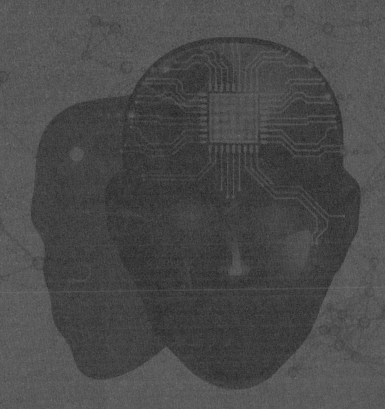

멘탈 리셋의 '비밀'

이 말씀 [비밀]을 온전히 이해하는 자들은
죽음을 맛보지 않으리라.
-도마복음 1장

'비밀'을 실천하면 실패란 없다

부와 성공을 얻는 '비밀'은 태초부터 지금까지 항상 존재해왔다. 하지만 '비밀'은 발견했을 때만 모습을 드러내고, 작동하는 올바른 방법을 실천했을 때만 혜택을 줄 뿐이다. 대부분의 사람들은 이 '비밀'이 있는지조차 몰랐고, '비밀'을 알았던 사람들이 설명을 해도 이해하지 못했다. 인류 역사상 위대했던 소수만이 '비밀'을 알아서 그 혜택을 온전히 받았다.

이 '비밀'은 수학이나 물리학처럼 엄밀한 과학이다. 수학 문제가 아무리 어려워도 푸는 원리와 방법만 알면 쉽게 풀리듯이, 부와 성공을 얻는 '비밀'도 원리를 이해하고 방법을 실천하면, 누구나 원하는 것을 얻을 수 있다. 그래서 이 '비밀'은 원인이 같으면 같은 결과를 만들어 낸다. 그러므로 누구나 '비밀'을 사용할 수 있고, 매번 똑같은 결과를 얻을 수도 있다. 한마디로 이 '비밀'을 실천하면 실패란 없고 실패자도 없다.

하지만 부와 성공을 얻는 '비밀'이 있다고 말하면, 비웃는 사람들이 많을 것이다. 부와 성공이 제한되어 있다는 선입견을 품고 있기 때문이다. 그래서 그들은 열심히 일해야 부자가 될 수 있다고 생각한다. 그 생각이 옳다면 새벽부터 밤늦게까지 일하는 수많은 사람은 모두 부자가 되어야 맞다. 그러나 현실은 전혀 그렇지 않다. 열심히 일한다고, 돈을 절약한다고, 부자가 되는 것은 아니다. 실제로 가난한 사람보다 부자가 일을 더 적게 하고, 돈은 더 많이 쓴다. 결국, 부나 성공은 무턱대고 열심히 노력한다고 얻는 것이 아니다.

당신이 가난에서 벗어나지 못하는 이유

사람들은, 과거에는 열심히 일하기만 하면 성공할 수 있었던 고도성장의 시대였는데, 지금은 무엇을 해도 안 되는 저성장의 시대라고 말한다. 한마디로 개천에서 용이 나는 시대는 끝이 났다는 것이다. 그래서 요즘 사람들은 부동산, 주식, 가상화폐(코인) 등의 투자에 영끌(영혼까지 끌어모으다)과 빚투(빚내서 투자)하며 성공을 꿈꾸고 있다.

하지만 이런 투자로 돈을 벌어 성공할 것 같지만, 오히려 더 많은 것을 잃어버리게 한다. 이것이 사실인지 당신 주위를 한번 살펴보자. 성공하려다가 오히려 패가망신한 사람들이 수두룩하지 않은가. 아니면 돈은 많이 벌었지만 건강을 잃어버렸거나, 가족 간의 불화가 심하거나, 다른 문제들이 생겨나지 않았는가. 이렇듯 사람들이 성공하려는 모든 행위들로 인해 실패를 자초하고 있다. 이처럼 사람들이 세상을 거꾸로 살아가는 이유는 부와 성공을 얻는 '비밀'을 알지 못하기 때문이다.

게다가 지금까지 다양한 분야에서 출간된 수많은 책들은 '비밀'의 겉모습만을 말하고 있다. 그 결과 불완전한 비밀들로 인해 사람들은 더 불행하게 되었다. 그래서 당신이 지금 해야 할 일은 부동산이나 주식 등에 투자하거나, 지식과 능력을 쌓거나, 열심히 일하는 것이 아니다. 그것보다 더 우선해야 할 일은 당신의 멘탈이 어떤 상태인지를 아는 것이다.

당신이 생각(원인)을 바꾸지 않고는 현실(결과)을 바꿀 수 없다. 다시 말해 당신이 멘탈을 리셋하기만 하면, 원하는 것이 무엇이든 얻을 수 있다.

수 세기 동안 알고 했든 모르고 했든, 이 '비밀'대로 살았던 사람은 모두 부자가 되었다. 반면에 이 '비밀'대로 살지 않았던 사람들은 아무리 열심히 노력해도, 재능이 뛰어나더라도, 결국에는 가난을 면치 못했다. 이를 뒷받침하는 역사의 기록을 보더라도 환경이 좋든지 나쁘든지, 재능이 있든지 없든지, 부자가 될 사람은 부자가 되었고, 가난한 사람이 될 사람은 가난한 사람이 되었다. 다시 말해 시대마다 상황이나 환경이 아무리 좋지 않아도, 개천에서는 어김없이 용이 났다는 것이다. 그리고 앞으로도 틀림없이 용은 계속해서 날 것이다.

결국, 부와 성공을 얻는 본질적인 이유는 환경이나 재능이 아니다. 같은 세상, 같은 환경에서라도 어떤 사람은 부자가 되었고, 어떤 사람은 가난한 사람이 되었다. 그래서 부자와 빈자를 결정짓는 원인이 외부가 아닌 내부에 있다는 결론을 내릴 수 있다. 다시 말하면 외부의 상황이나 환경은 스스로 어떤 결과를 만들지 않는다. 당신에게서 일어나는 모든 일은 당신의 멘탈에 의해서 결정된 것이다.

당신이 세상을 바라보는 마음의 구조, 즉 멘탈을 리셋하지 않고 현실을 바꾸려는 노력은 아무 쓸모가 없다. 외부의 어떤 것도 바꿀 게 없고, 바꿀 수도 없다. 오직 당신 자신만이 바꿔야 할 유일한 대상이다. 행복의 파랑새는 당신 안에 있다는 사실을 명심하자. 당신이 가난에서 벗어나지 못한 진짜 이유는 환경이나 재능이 아니라, 이 '비밀'을 모르기 때문이다.

당신이 처한 환경이 나빠도, 돈이 없어도, 재능이 없어도, 심지어 가진 것이 하나도 없어도 괜찮다. 당신의 상황이 가장 좋지 않을 때가 바로 '비밀'을 스스로에게 입증할 가장 최적기다. 당신이 새로운 운명을 창조하려면 '비밀'을 완전히 이해해야 한다. 그러면 당신은 원하는 것이 무엇이든 얻을 수 있을 것이다.

'비밀'이 드러나다

마술은 내 마음에 있다. 내 마음이 지옥을 천국으로 만들 수 있으며,
천국을 지옥으로 만들 수도 있다. 그러므로 우주의 '비밀'을 풀어
인류의 행복에 기여하라.

– 에디슨 Thomas Alva Edison

세계 인구의 1%도 안 되는 사람들이 전 세계 돈의 99%를 벌어들
인다. 이것은 결코 우연이 아니다. 왜냐하면 세상은 '비밀'을 아는
1% 사람만이 부와 성공을 거머쥐도록 만들어졌기 때문이다. 그래
서 시대마다 부와 성공을 얻는 사람들은 하나같이 '비밀'을 알았던
소수였다.

부와 성공을 얻는 사람들의 공통점

그렇다면 "'비밀'은 무엇일까?" 무척 궁금할 것이다. '비밀'은 아
주 단순하다. 하지만 대부분의 사람들은 단지 단순하다는 이유만
으로 믿지 않는다. 사람들은 어떤 이론이 설득력을 갖기 위해서는
근거와 인과 관계를 논리적으로, 가능하면 길게 설명할 수 있어야

한다고 생각한다. 그러나 노자의 말처럼 "다언삭궁^{多言數窮}", 즉 말이 많으면 처지가 궁색해질 뿐이다.

그래서 '비밀'은 오컴의 면도날^{Ockham's Razor1}처럼 어떤 사실 또는 현상에 대한 설명들 가운데 논리적으로 가장 단순한 것이다. 단순해야 제약이나 조건이 붙지 않을 뿐만 아니라, 누구에게도 예외가 없이 보편적이고 변함이 없이 일관되게 적용될 수 있다. 또 누구나 이해할 수 있고 쉽게 설명할 수도 있기 때문이다.

인류 역사상 위대했던 사람들이 말하는 '비밀'은 모두 하나의 진리로 통한다. 한마디로 '비밀'은 "뿌리는 대로 거둔다."라는 것이다. "이게 뭐야! 이 말을 모르는 사람이 어디 있어! 누구나 아는 말이잖아! 무슨 '비밀'이 이래!"라고 생각하는 사람들이 많을 것이다. 이런 사람들을 위해 좀 고상하게 표현하면 '끌어당김의 법칙'이라 할 수 있다.

하지만 이 법칙만으로는 '비밀'의 문을 결코 열 수 없다. 나중에 자세히 설명을 하겠지만, 끌어당김의 법칙이 작동하려면 '상호의존성의 법칙'과 '상호침투성의 법칙'이 필요하다. 하지만 사람들은 무지無智의 장막에 가려서 이 법칙들을 알지 못한다. 그 결과 사람들은 일회용 컵처럼 불완전한 비밀을 실천했지만 혜택을 받지 못했고, 그나마 혜택을 받으면 얼마 지나지 않아 다시 잃어버렸다.

---

1 오컴의 면도날은 14세기 영국 프란체스코 수도회의 수사이자 논리학자였던 '오컴의 윌리엄William of Ockham'의 이름을 따온 것이다. 어떠한 현상에 관해 두 가지 설명이 동일한 타당성을 지닌다면 이 중에서 상대적으로 간단한 설명이 진리에 가깝다는 것이다. 다시 말해 복잡한 설명은 진리에 가까울 가능성이 낮다는 말이기도 하다.

그들은 '비밀'이 작동하는 법칙들을 알지 못해서 '비밀'의 문을 열고 들어가지 못한 것이다.

명심하라. '비밀'의 문을 열기 위해서는 '마음의 삼위일체三位一體'라는 세 가지 법칙(끌어당김의 법칙, 상호의존성의 법칙, 상호침투성의 법칙)[2]이 마음에서 작동하고 있다는 사실을 이해해야만 한다. 이 법칙들이 원인과 결과를 만들어 내는 매개체다. 이것은 씨앗을 심으면 자라서 열매를 맺는 자연의 법칙과 같다.

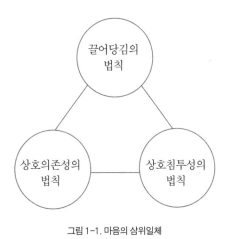

그림 1-1. 마음의 삼위일체

세상에 왔던 위대한 인물들은 한결같이 이 법칙들이 우주의 근

---

2 법칙Law 이란 복사기에 내용이 어떻든지 종이를 복사하면 똑같은 인쇄물이 계속해서 나오듯이, 어떤 원인은 받아들이거나 어떤 원인은 거부하는 선택 작용을 하지 못한다. 충족되는 원인이 같다면 항상 같은 결과를 만들어 내는 매개체다.

원이라고 말했다. 또 부와 성공을 얻은 사람들도 알았든지 몰랐든지 하나같이 이 법칙들을 활용해서 성공했다.

왜 내 뜻대로 안 될까

당신은 끊임없이 '어떻게 하면 부자가 될 수 있을까?', '어떻게 하면 성공할 수 있을까?', '어떻게 하면 건강해질 수 있을까?'를 생각한다. 그렇다면 지금 이 순간 당신에게 가장 중요한 것은 자신의 인생에 대해 곰곰이 되돌아보는 시간이다. 왜냐하면 과거를 보면 현재를 알 수 있듯이, 앞으로 남은 인생을 어떻게 살아야 하는지는 과거를 보면 알 수 있기 때문이다.

누구나 자신의 인생을 돌아보면 부자가 되려고, 성공하려고, 건강하려고, 누구보다도 최선을 다해 노력한 삶이었다고 자부할 것이다. 그런데 생각해보았는가? 당신은 왜 노력한 만큼의 결과를 얻지 못한 것일까? 아니, 신기하게도 노력한 만큼 더 많이 잃어버린 것일까?

당신이 성공하려고 할 때마다 세상은 처음에는 다 들어주는 것 같은 모습을 보이며 희망을 선사하다가도, 어느 순간 예기치 않게 호되게 뒤통수를 내리친다. 그래서 사람들은 한결같이 "세상은 내 뜻대로 되는 것은 하나도 없다."라고 말하는 것이다.

그런데 왜 내 뜻대로 일이 되지 않는 것일까? 왜 얻으려고 노력하면 할수록 얻지 못하고, 다가가면 갈수록 멀어지고, 좋아하면 할수록 싫어하게 되는 걸까? 왜 사랑하는 이유가 헤어지는 이유가 되는 것일까? 왜 건강을 관리할수록 더 아픈 것일까? 왜 문제를 해결하면 다른 문제가 생기는 걸까?

반대도 마찬가지다. 왜 포기하면 얻게 되는 것일까? 왜 가만히 있으면 오히려 다가오는 것일까? 왜 나눌수록 더 들어오는 것일까? 왜 내려놓을수록 더 행복해지는 것일까?

당신은 여태까지 가정에서, 학교에서, 사회에서 부와 성공을 얻는 수많은 지식과 방법을 배웠고 실천해왔음에도, 왜 인생은 당신의 생각과 정반대로 돌아가는 것일까? 왜 행복을 추구하면 할수록 더 불행해지는 것일까?

사회도 마찬가지다. 지식이 늘어날수록 오히려 갈등은 훨씬 더 복잡하고 많아지는 것일까? 왜 문명이 진보하는데 분열은 더 많아지는 것일까? 왜 물질이 늘어날수록 고통은 더 많아지는 것일까? 인류가 어떤 문제를 해결하면 그만큼 새로운 문제들이 더 많이 생겨나는 것일까?

대부분의 사람들은 자신에게 닥친 시련과 고난을 운명처럼 받아들였다. 하지만 인류 역사상 위대했던 소수의 사람만이 노력한 만큼 더 많이 얻었다. 그들은 마음의 법칙들을 영적으로 발전시켜 부처와 예수 같은 성인이 되었고, 예술로 발전시켜 베토벤과 셰익스피어 같은 예술가가 되었고, 철학으로 발전시켜 플라톤과 에머슨 같은 철학자가 되었으며, 과학으로 발전시켜 뉴턴과 아인슈타인

같은 위대한 과학자가 되었다. 이 밖에도 역사상 위대했던 인물들은 하나같이 이 '비밀'을 알고 있었다. 또한, '비밀'이 무엇인지 알지 못한 채 성공한 사람들 역시 실제로는 모두 이 '비밀'을 활용하여 부와 성공을 얻었다.

　그렇다면 그들은 어떻게 '비밀'의 문을 열고 들어갔을까? '비밀'의 문을 여는 열쇠는 무엇일까?

'비밀'의 나무

사람은 무엇을 심든지[원인] 심은 대로 거둘 것[결과]이다.

– 갈라디아서 6장 7절

여기 '비밀'의 나무가 한 그루가 있다. 이 나무의 모든 열매는 콩 심은 데 콩 나고 팥 심은 데 팥 나듯, 자신이 씨앗을 뿌리고 키운 결과다. 하지만 사람들은 그 나무의 열매가 자신이 뿌린 씨앗의 결과라는 것을 인정하지 않는다. 왜냐하면 자신이 생각한 것보다 열매가 적거나, 크기가 작거나, 맛이 없기 때문이다. 더구나 그들은 자신이 씨앗을 언제 어떻게 뿌렸는지 전혀 알지 못한다. 심지어 자신이 뿌린 씨앗을 잘 자라도록 열심히 가꿨다는 사실조차도 이해하지 못한다.

뿌리는 대로 거두는 '비밀'

'비밀'의 나무가 열매(결과)를 만들어 내는 것은 땅속에 있는 씨앗과 뿌리(원인)다. 눈에 보이지 않는 씨앗과 뿌리가 눈에 보이는 열매를 창조하는 것이다. 즉, 눈에 보이지 않는 원인이 눈에 보이는 결과를 만든다. 이것이 성경에서 말하는 "보이는 것[결과]은 보이지 않는 것[원인]으로부터 만들어졌더라."3라는 말이다. 또 불교 경전인 《반야심경般若心經》에서 말하는 "색즉시공色卽是空, 공즉시색空卽是色"이다. 즉, "형상[결과]의 본질은 공[원인]이며, 공[원인]의 본질은 형상[결과]이다. 형상[결과]은 공[원인]과 다르지 않으며, 공[원인]은 형상[결과]과 다르지 않다."라는 말이다.

이처럼 세상은 눈에 보이는 결과보다 눈에 보이지 않는 원인의 힘이 훨씬 더 강력하다. 그래서 눈에 보이는 것보다 눈에 보이지 않는 것들이 훨씬 더 중요하다. 예를 들면 휴대폰을 작동하게 하는 것은 눈에 보이지 않는 주파수가 있기 때문이다. 주파수가 없으면 휴대폰은 무용지물이다. 전기도 마찬가지다. 코드를 꽂는 구멍에 전선만 있고 전기가 없으면 전자기기는 아무 쓸모가 없다. 이처럼 중요한 것은 눈에 보이지 않는다.

이 세상은 어떤 결과도 스스로 일어나지 않는다. 반드시 어떤 원인이 존재한다. 당신은 원인과 결과가 명확한 세상에서 살고 있다. 그러므로 눈에 보이는 열매(결과)를 바꾸고 싶으면, 눈에 보이지 않는 씨앗과 뿌리(원인)를 먼저 바꿔야 한다. 왜냐하면 한 번 영근 열매는 바꿀 수 없고, 열매로 열매를 바꾸지도 못하기 때문이다. 그래서 결과를 바꾸고 싶다면 원인을 바꿔야 한다. 이것이 자연의 법칙이자 뿌리는 대로 거두는 '비밀'이다.

---

3 히브리서 11장 3절

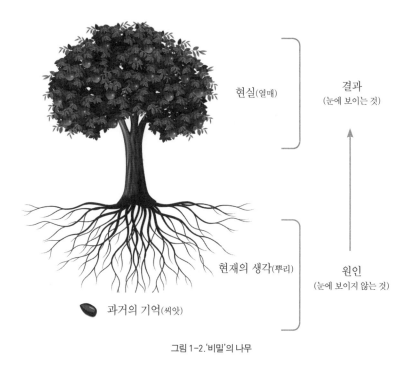

현실(열매)　결과 (눈에 보이는 것)

현재의 생각(뿌리)　원인 (눈에 보이지 않는 것)

과거의 기억(씨앗)

그림 1-2. '비밀'의 나무

신의 씨앗[원인]이 우리 안에 존재한다. 현명한 농부에게 씨앗이 주어지면 그것은 번성해서 신을 향해 자라난다. 따라서 그 열매[결과]는 신의 성질을 닮을 것이다. 배의 씨는 배나무로, 도토리는 도토리나무로, 신의 씨앗은 신으로 성장한다.

−마이스터 에크하르트Meister Eckhart

당신은 불가능한 일이 일어나면 '기적'이 일어났다고 말하고, 일이 우연히 이루어지면 '운'이 좋다고 말한다. 하지만 현실로 나타난 그 어떤 것도 불가능하지 않고, 우연히 생기지도 않는다. 당신이 기적이나 운이라고 부르는 이유는 원인을 모르기 때문이다. '운명'이나 '숙명'도 마찬가지다. 단지 당신이 원인을 일으키는 '비밀'의 원리와 법칙들을 알지 못할 뿐이다.

그래서 기적이나 운, 운명이나 숙명은 원인에 따라오는 것이지, 결코 앞서 일어나는 것이 아니다. 원인과 결과는 당구공들이 연쇄적으로 다른 공을 때리는 것처럼 아주 단순하다. A는 B를 일으키고 B는 C를 일으킨다. 지금까지 당신에게 일어난 일들은 일어나도록 되어 있는 것들이 당연히 일어났을 뿐이다. 반대로 일어나지 않아도 되는 일들은 당연히 일어나지 않았을 뿐이다.

기적이나 운의 세계란 뿌리는 대로 거두는 '비밀'을 그저 따르는 것이다. 당신의 인생은 어떤 씨앗을 뿌렸고, 때가 되면 한 치의 오차도 없이 그 열매를 수확했을 뿐이다.

생각이 인생의 열매를 결정한다

그렇다면 인생의 열매를 결정하는 원인은 무엇일까? 중요한 단서는 우리의 눈에 보이지 않는 것이어야 한다는 것이다. 도대체 그것이 무엇일까? 그것은 바로 '생각'이다. 세상 어떤 것도 자체의 힘으로 모습을 드러내는 것은 없다. 현실에 모습을 드러내는 모든 형체들은 반드시 눈에 보이지 않는 생각이 근원이다. 다시 말해 눈에 보이지 않는 힘이 있어야 눈에 보이는 결과를 만들어낼 수 있다.

그래서 인간이 생각할 수 있다는 것이 가장 위대한 창조적 능력이다. 눈에 보이지 않는 씨앗과 뿌리가 눈에 보이는 열매를 창조하듯, 당신이 생각하지 않았는데 나타난 결과는 하나도 없다. 왜냐하면 당신의 생각은 눈에 보이지 않지만, 감정을 낳고, 감정은 당신을 행동하게 하고, 행동은 눈에 보이는 현실을 만들어 내기 때문이다. 즉, 당신의 생각이 현재의 모습을 만들어 낸 것이다. 그래서 생각이 바뀌면 감정이 바뀌고, 감정이 바뀌면 행동이 바뀌고, 바뀐 행동은 새로운 현실을 창조하게 한다.

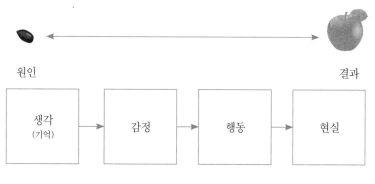

그림 1-3.창조 프로세스

중요한 사실은 당신이 사는 동안은 한순간도 쉬지 않고, 어떤 씨앗을 열심히 뿌리고 키우고 있다는 것이다. 이를테면 현재의 생각이, 기억이 되면 씨앗이 된다. 다시 생각이 그 씨앗을 싹 틔워 뿌리를 키우고 열매를 맺게 한다. 그러면 열매는 다시 씨앗이 된다. 이렇듯 당신은 평생을 다람쥐 쳇바퀴 돌듯이, 같은 씨앗을 뿌리고 같은 열매를 얻는데 괜한 투정을 부리고 있다.

명심하라. 한 번 영근 열매는 바꿀 수 없다. 나아가 열매로 열매를 바꿀 수 없듯이, 결과로 결과를 바꿀 수 없다. 그럼에도 당신은 결과로 결과를 바꾼 경험이 있다고 당당하게 말할 것이다. 하지만 그렇게 바뀐 결과는 어떻게 되었는가? 새로운 문제가 발생하지는 않았는가? 결과가 다시 바뀌지는 않았는가? 결국, 바뀐 결과로 인해 새로운 문제가 만들어지고, 언젠가는 다시 바뀔 것이라면 그것은 결과를 바꾼 것이 아니다.

그래서 지금 당신이 어떤 생각을 하고 있느냐에 따라 인생의 열매가 결정된다. 반대로 말하면 당신의 현재 모습을 보면, 당신이 어떤 생각을 하며 살아왔는지 알 수 있다. 그러므로 생각 그 자체가 당신이다. 즉, 원인과 결과는 생각이란 하나의 것을 두 가지 측면으로 나타낸 것이다.

당신이 뿌린 생각이 현실을 창조한 것이다. 그래서 결과를 바꾸려면 오직 원인을 바꿔야 하듯, 현실을 바꾸려면 생각(기억)을 바꿔야 한다. 따라서 당신이 멘탈을 리셋하면 현실은 완전히 바뀐다. 이것이 멘탈 리셋Mental Reset4이자 당신이 원하는 것을 얻는 '비밀'

---

4 멘탈 리셋Mental Reset 의 사전적 풀이는 생각하거나 판단하는 정신 또는 정신세계를 초기 상태로 바꾸는 것을 의미한다. 여기서는 멘탈이 상호의존성의 법칙을 초월하여 상호침투성의 법칙을 따르도록 바꾸는 것을 의미한다. 사전적 풀이와 표현만 다를 뿐 의미는 같다고 할 수 있다.

이다.

부자는 열매다. 성공도 열매다. 건강도 열매다. 행복도 열매다. 깨달음도 열매다. 당신이 원하는 열매를 얻으려면 씨앗과 뿌리를 바꿔야 한다. 신비한 것은 자연과 달리 당신이 생각만 바꾸면, 씨앗을 바꾸지 않아도 열매를 바로 바꿀 수 있다는 것이다. 왜냐하면 생각이 기억을 바꿀 수 있기 때문이다.

그래서 당신의 과제는 어떤 씨앗(기억)을 심으며, 어떻게 뿌리(생각)를 키우고 있는지 아는 것이다.

성공은 마음가짐에 달려있다

자! 다시 한번 짚고 가자.

씨앗과 뿌리(원인), 그것이 열매(결과)를 만들어 내는 근원이다. 그리고 한 번 영근 열매는 절대로 바꿀 수 없고, 열매로 열매를 바꿀 수도 없다. 다시 말해 눈앞의 거울을 깨버린다고 해서 당신의 모습을 바꿀 수 없는 것처럼, 현재의 모습은 절대로 바꿀 수 없다. 나아가 현재의 모습으로 현재의 모습을 바꿀 수 없다. 열매(결과)를 바꾸려면 오직 씨앗과 뿌리(원인)가 달라져야 한다.

그렇다면 씨앗은 무엇이고 뿌리는 무엇인가?

씨앗은 과거의 기억이고, 뿌리는 현재의 생각이다. 과거의 기억과 현재의 생각이 바뀌면, 다음 해에 나올 열매는 분명히 달라진다. 현재의 모습을 바꾸는 유일한 방법은 생각(기억)을 바꾸는, 즉 멘탈을 리셋하는 길뿐이다. 당신의 현재 모습은 당신이 뿌린 생각 (기억)에 따라 나타난 결과라는 사실을 명심하라.

당신이 갖고 있는 생명에 대한 유일한 증거는 살아 있다는 것이고, 마음에 대한 유일한 증거는 생각할 수 있다는 것이다. 즉, 씨앗을 뿌리고 기르는 밭은 바로 '마음'이다. 그래서 인류 역사상 부와 성공을 거머쥔 사람들은 하나같이, 성공은 마음가짐에 달려 있다고 말한 것이다. 그렇다면 세상 모든 것은 오직 마음이 만들어 낸다는 '일체유심조一切唯心造'가 아닐까?

지금까지 '비밀'을 알았던 소수의 사람들은 마음이 원인과 결과를 만들어 낸다는 사실을 알았던 것이 아닐까?

'비밀'의 문을 여는 열쇠는 바로 당신의 마음이다. 마음, 그것은 세상 모든 것들이 나타나는 길이자 문이다. 그래서 당신이 마음의 법칙들을 제대로 알아야 '비밀'의 문을 열어 그 혜택을 온전히 받을 수 있다.

세상을 창조하는 마음의 법칙들

모든 변화는 원인과 결과를 연결하는 법칙에서 생긴다.

– 칸트 Immanuel Kant

당신은 상반되는 두 요소가 의존하는 이원적인 세계에 살고 있다. 밤/낮, 위/아래, 안/밖, 이 외에도 수천 가지 사례가 있다. 그런데 한쪽이 존재하려면 반드시 반대쪽도 존재해야 한다.

밤과 낮을 예로 들어보자.

당신은 밤과 낮이 완전히 다르다고 생각하기 때문에 밤 아니면 낮이라고 생각한다. 그렇다면 낮이 없는 밤은 존재할 수 있을까? 반대로 밤이 없다면 낮은 존재할 수 있을까? 불가능하다. 낮이 없다면 계속해서 밤만 존재하게 된다. 그러면 낮도 밤이라고 불러야 한다. 그런데 낮은 없고 밤만 존재한다면, 굳이 밤이라고 부를 필요가 있을까? 계속해서 밤만 있다면, 나중에는 밤이 무엇인지도 모를 것이다. 게다가 밤만 존재한다면, 세상 만물이 존재할 수도 없다.

이처럼 이쪽의 하나 없이 저쪽의 하나는 절대로 존재할 수 없다.

그래서 부처의 깨달음 역시 그리 복잡하지 않다.

"이것이 생겨나므로 저것도 생겨나고, 저것이 생겨나므로 이것도
생겨나며, 이것이 없어지므로 저것도 없어지고, 저것이 없어지므로
이것도 없어진다."

이를 두 글자로 줄이면 '연기緣起'라고 한다.

두 개의 세계로 분리하는 상호의존성의 법칙

동전의 양면처럼 이것 아니면 저것, 즉 두 개의 세계는 어떻게 존
재하는 것일까? 밤/낮은 어떻게 존재하는 것일까? 먼저 성경의 창
세기 1장을 잠시 보자.

"하나님이 이르시되 빛이 있으라 하시니 빛이 있었고
빛이 하나님이 보시기에 좋았더라 하나님이 빛과 어둠을 나누사
하나님이 빛을 낮이라 부르시고 어둠을 밤이라 부르시니라
저녁이 되고 아침이 되니 이는 첫째 날이니라"

하루해가 지고 밤이 되면, 천지가 어두워져 아무것도 보이지 않
는다. 그리고 영원히 변함이 없을 것 같던 어둠 속에서 시간은 흘

러 동쪽에서 태양이 솟아오르는 순간, 텅 비어 있던 천지가 밝은 햇빛 아래 갑자기 드러난다. 태초에 빛이 생겨 밝음/어둠이 나뉜 것처럼, 태양이 지구에 빛을 비추는 순간 낮이 생기는 동시에 밤이 생겨난다.[5]

그래서 성경 말씀처럼 "하나님의 형상대로 창조"한 인간도 한쪽을 인식하면, 동시에 반대쪽도 같이 인식하게 된다. 반대로 한쪽을 인식하지 못하면 반대쪽도 인식하지 못하게 된다. 결국, 당신은 밤을 인식하는 동시에 낮도 같이 인식되게 된다. 왜냐하면 밤을 인식하지 못하면 낮도 인식하지 못하고, 낮을 인식하지 못하면 밤도 인식하지 못하기 때문이다.

태양이 떠올라 빛을 비추는 언덕을 통해 이 상황을 좀 더 상세하게 관찰해보자. 햇빛이 언덕을 비추면 양달/응달은 동시에 생겨난다. 양달이 먼저다 응달이 먼저다 할 수 없다. 양이 있는 곳은 항상 음이 따라가게 되고, 거꾸로 음이 있는 곳은 언제나 양이 따라가게 된다. 이렇듯 양/음은 태어나는 순간부터 함께할 수밖에 없는 운명을 갖는다. 이와 같이 이원적인 세계의 것들은 모두 마찬가지다.

이처럼 하나(언덕)였던 세계가 두(양/음) 세계로 분리되면, 두 세계는 서로의 세계 없이는 결코 존재할 수 없는 상호의존적인 관계

---

5 태초의 우주는 아무것도 존재하지 않은 완전한 '무無', '공空' 또는 절대적인 '영Spirit', 즉 신성한 '존재the Divine'라고 한다. 고대 인도의 브라흐만교 성전인 《리그베다Rigveda》에 따르면 "그때[태초]에는 비존재 asat도 없었고 존재sat도 없었다. 그때에는 '공간의 범위'도 없었고 그 너머에 하늘도 없었다."라고 한다. 그러나 137억 년 전 절대적이고 완전한 '무無'로부터 어마어마한 빅뱅Big Bang이라는 대폭발이 일어나, 시간/공간으로 구성된 우주가 창조되면서 존재/비존재, 주체/객체 등과 같이 모든 것이 둘로 분리되었다. 이렇게 우주가 창조되는데 필연적인 전제 조건으로 '상호의존성'이 탄생하게 된 것이다.

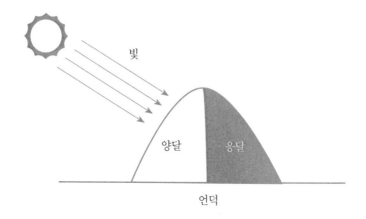

빛

양달   응달

언덕

그림 1-4. 두 세계의 탄생

가 된다. 동시에 두 세계는 다시 하나의 세계가 되려고 서로를 끌어당긴다. 그 과정에서 두 세계는 갈등이 생기고 투쟁이 일어난다. 이것을 '상호의존성의 법칙'6이라고 부른다.

여기서 한 가지 명확히 하고 넘어가자.

인간이 생각하는 좋음/나쁨, 옳음/그름, 선/악 등의 개념적인 대

---

6 인간의 상호의존성은 진화의 산물이며 인간이 태어날 때부터 지니는 특성이다. 첫 번째는 인간의 뇌는 좌뇌와 우뇌가 분리되어 있는데, 우뇌가 먼저 발달하고 좌뇌가 발달할 뿐만 아니라 각각의 기능도 서로 다르다. 그래서 인간의 뇌는 상호의존적이다. 두 번째는 인간의 언어다. 찰스 다윈Charles Robert Darwin은 "언어와 그 기본 메커니즘이 들어맞는 것은 언어가 인간의 뇌에 들어맞도록 진화했기 때문이며, 그 반대가 아니다."라고 했다. 그래서 인간에게 언어는 하나의 세계를 두 개의 세계로 분리하면 이름을 붙이고 분류하여 개념화하는 역할을 수행한다. 이를테면 '너'가 있어야 '나'가 있고, '너'가 있으려면 '그들'이 있어야 한다. 따라서 언어는 상호의존성이다. 세 번째는 인간의 마음이다. 자아의 작동기제는 외부 자극에 대해 선택을 통해서 반응한다. 항상 '너/나', '좋음/나쁨', '옳음/그름'처럼 '이것' 아니면 '저것' 중에 하나를 선택하게 한다. 따라서 자아도 상호의존성이다.

극은 서로가 동시에 발생한다. 하지만 자연에서는 개념적인 대극은 결코 존재하지 않는다. 자연은 좋은 나무와 나쁜 나무를 분리해서 키우지 않을뿐더러, 예쁜 꽃과 미운 꽃, 옳은 산과 잘못된 산 같은 개념을 분리해서 만들어 내지도 않는다. 나아가 세상에 이로운 종種과 해로운 종 같은 것도 없다. 그렇기 때문에 자연은 온갖 종류의 것들을 만들어 내는 일을 즐긴다. 물론 종마다 강하고 약하고, 크고 작고, 똑똑하고 둔하고, 각각은 차이가 있지만, 그것이 전혀 문제가 되지 않는다. 약하면 약한 대로, 작으면 작은 대로, 둔하면 둔한 대로, 그냥 있는 그대로 살아갈 뿐이다. 그래서 자연은 언제나 공평하고 조화로운 것이다.

하지만 인간은 평생 동안 하나의 세계에 경계선을 그어 두 개의 세계로 분리하는 일을 한다. 하나의 사물과 상황에 대해 경계선을 긋는 순간 나/너, 나/세상, 좋음/나쁨, 옳음/그름, 선/악 등의 대극이 동시에 발생한다. 이것이 창세기 성서에 등장하는 아담과 하와가 선악을 구분하는 열매를 따 먹은 죄 때문에 모든 인간이 태어날 때부터 가지고 있는 '원죄'이자, 인간이 선/악을 판단하고 선택할 수 있는 '자유의지'다. 이것을 불교로 말하면 '업식業識'이다.

그래서 사람들에게 선의 반대가 무엇이냐고 물으면 악이라고 대답한다. 그런데 정말 그럴까? 선의 반대인 악은 악 자체가 선처럼 실체화되어 있을 때만 가능하다. 그렇다면 악이란 무엇인가? 여러 가지 답이 나올 수 있다. 그러나 모든 답이 하나같이 '불선不善', 즉 선하지 못한 것을 악이라고 말하고 있다. 악 자체가 실체화되어 있지 않아서 이런 대답이 나온다.

선/악도 음/양과 같이 하나에서 동시에 태어나서 서로 대립하는 것처럼 보이지만, 실상에 있어서는 인간의 사고에 의한 개념 구분에 불과하다. 결국, 선의 반대는 악이 아니라 '선하지 못함不善'이 옳다. 그래서 노자는 "선을 선으로 알지만, 그것은 곧 불선이다皆知善之爲善, 斯不善已."라고 말했다.

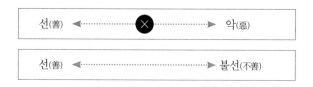

그림 1-5. 대극의 관계

그렇다면 불선의 반대는 무엇일까? 우선 노자의 말에서 단서를 찾아보자. 노자에 따르면 "그릇이 그릇의 기능을 할 수 있는 것은 그릇의 내부가 비어 있기 때문이고當其無 有器之用, 집이 집의 역할을 할 수 있는 것은 집의 내부에 공간이 있기 때문이다當其無 有室之用." 라고 했다. 다시 말해 그릇의 외부가 아무리 예쁘게 만들어졌다 하더라도 물이나 음식을 담을 수 있는 공간이 없으면 그릇으로 사용할 수 없고, 집의 외부가 아무리 화려하게 꾸며졌다 하더라도 들어가 머무를 공간이 없으면 집으로 이용할 수 없다는 것이다. 따라서 무無가 유有의 본질이 된다는 말이다.

나아가 노자는 "유有의 이로움利은 무無의 쓰임用이 있기 때문이다故有之以爲利 無之以爲用."라고 했다. 결국, 그림 1-6과 같이 대극의 생성 원리로 보면 무無가 유有의 본질이고, 유가 있는 이유는 유 자체로서 존재하는 것이 아니라 유의 이로움利 때문이다. 그리고 유의 이로움은 무의 쓰임用 때문이고, 무의 쓰임은 무가 있기 때문이다. 이렇게 뫼비우스의 띠처럼 상호의존적인 관계가 끊임없이 생겨나는 대극의 순환 고리가 만들어진다.

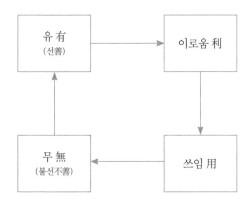

그림 1-6. 대극의 생성원리

그러면 불선不善은 선善의 본질이고, 선이 있는 이유는 선의 이로움利 때문이다. 그리고 선의 이로움은 불선의 쓰임用 때문이고, 불선의 쓰임은 불선이 있기 때문이다. 이렇게 대극의 순환 고리가 한번 더 돌아가게 되면, 불불선不不善은 불선不善의 본질이 된다. 따라서 불선의 반대는 선이 아니라 불불선이다. 다시 말해 썩은 사과가 썩으면 더 썩는 것처럼, 선하지 못함不善의 반대는 더 선하지 못함不不善이 된다. 이렇게 대극의 관계는 계속해서 형성해간다.[7] 이것이 상호의존성의 법칙의 핵심 원리다. 하지만 현실에서 우리는 선의 반대를 개념적으로 단지 악이라고 부르고, 악의 반대를 선이라고 부르고 있을 뿐이다.

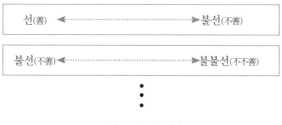

그림 1-7. 대극의 형성

자! 다시 언덕의 입장에서 생각해보자.

태양은 동쪽에서 떠서 시간의 흐름에 따라 일정하게 서쪽으로 넘어간다. 그 과정에서 언덕에 비치는 양달/응달의 비율은 한쪽이 많아지면 다른 한쪽이 적어지고, 또한 반대편이 많아지면 다른 반대편이 적어지는 현상이 일어난다.

---

[7] 대극의 생성 원리를 효孝로 설명하면, 효는 효 자체로서 존재하는 것이 아니라, 효의 이로움利 때문이다. 그리고 효의 이로움은 불효不孝의 쓰임 때문이고, 불효의 쓰임은 효가 있기 때문이다. 그래서 효의 이로움을 위한 효도가 가족 간의 불화를 일으키면 효는 불효가 된다. 나아가 효도에 대한 사회 제도와 관습을 만들어 낸다. 그 사회 제도와 관습을 지키기 위해 가족 간의 갈등이 심해지고 더 큰 불화가 생긴다. 그러면 불효는 불불효不不孝가 된다.

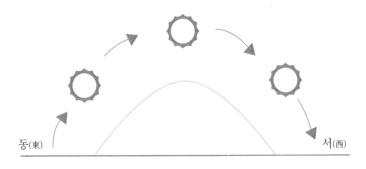

동(東)　　　　　　　　　　　　　서(西)

그림 1-8. 경계의 탄생

그래서 음/양을 나누는 경계는 직선(A)이 아닌 곡선(B)이고, 시간도 직선이 아닌 곡선 운동을 한다. 이처럼 공간에 시간의 개념이 들어가면, 음/양의 투쟁이 시작되면서 생명력을 가진다. 즉, 두 세계의 투쟁으로 인해 만물이 생겨나는 것이다. 이것이 우주가 자신을 드러내려는 창조의 힘이자, 음/양이 서로를 끌어당기는 힘이다.

인간으로 말하면 무엇을 선택하여 행동하게 하는 자유의지의 힘이 된다. 또한, 이것에 근거하여 근대 역학 법칙인 작용·반작용의 법칙이 성립한다. 물리학자 뉴턴Sir Isaac Newton은 "모든 작용하는 힘이 있으면 반드시 그에 반작용하는 힘이 있다."라고 했다.

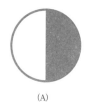 

(A)   (B)

그림 1-9. 경계선의 힘

하나의 세계로 합일하는 상호침투성의 법칙

아래에 있는 것이 위에 있는 것과 같고, 위에 있는 것이 아래에 있는 것
과 같은 것은 하나의 기적을 이룬다.

−에메랄드 서판The Emerald Tablet[8]

그렇다면 음/양의 경계는 정확히 어디일까? 어디까지가 음이고
어디까지가 양일까? 이해하기 쉽도록 음/양의 경계인 곡선의 일부
를 텅 빈 페이지에 그려보자. 그런데 신기한 것은, 곡선을 그리는
순간 오목면이 생기는 동시에 볼록면도 생겨난다. 그렇다면 곡선
은 오목면의 선인가 아니면 볼록면의 선인가? 곡선은 오목면의 외
선을 그리는 동시에 볼록면의 내선을 그린 것이다. 곡선은 오목면

---

8 대략 기원전 3000년경 작성된 심오한 영적 지혜를 드러내는 고대서다. 그노시스의 구세주라 불리는 헤르
메스 트리스메기스투스Hermes Trismegistus 혹은 '세 곱절 위대한 헤르메스'라는 사람의 저작으로 알려져
있다.

의 외선인 동시에 볼록면의 내선이 된다. 이렇듯 곡선은 오목면과 볼록면을 분리하기는커녕, 동시에 둘 모두 공유한다. 또한, 곡선이 없으면 오목면과 볼록면은 존재할 수 없다.

오목면
(양)

볼록면
(음)

그림 1-10. 경계선의 특성

이것을 이해하기 쉽도록 밤/낮을 조금 다르게 설명해 보자.

밤은 흑색이니 깜깜한 어둠을 뜻하고, 낮은 흰한 백색이니 밝음을 뜻한다. 그렇다면 어둠/밝음의 경계를 명확하게 정할 수 있을까? 어디까지가 어둠이고 어디까지가 밝음일까? 어둠/밝음의 경계는 곡선의 경계처럼 명확히 정할 수 없다. 경계를 정할 수 없다면, 낮도 아니고 밤도 아닌 것이 아닐까? 그렇다면 밤/낮은 하나가 아닐까?

밤(어둠)

낮(밝음)

그림 1-11. 경계의 구분

자! 한 발 더 들어가 보자.

겉으로 보면, 흑색/백색은 서로 대립되는 관계에 있다. 그러나 근원적으로 돌아가서 살펴보면 백색은 본래 빛을 반사함으로써 이루어지고, 흑색은 빛을 흡수함으로써 이루어진다. 그러므로 흑색/백색은 모두 동일한 빛에서 나온 것이다. 백색이 있으면 자연히 흑색이 있을 수밖에 없고, 또 흑색이 있으면 자연히 백색이 있을 수밖에 없다. 밤/낮도 마찬가지다.

그렇다면 밤/낮은 분리되는 동시에 둘 모두를 공유하지는 않을까? 태양에서 바라보는 입장은 어떨까? 태양에는 밤/낮이 존재하는 것일까? 태양은 그저 지구에 빛을 비추고 있을 뿐이지, 밤/낮의 분리와는 아무런 관계가 없다. 밤/낮은 단지 지구에만 있을 뿐이다. 그래서 지구에서 바라보는 입장은 밤/낮이라고 부르는 이원적 세계로 보이지만, 태양의 입장에서 바라봤을 때는 밤과 낮의 분리가 없고 둘 모두를 포함하는 '온종일', 즉 비이원적(둘이 아님) 세계인 것이다.

이처럼 나/너, 좋음/나쁨, 옳음/그름, 선/악, 성공/실패, 즐거움/고통 등과 같이 분리된 수천 가지 것들도 마찬가지로 태양의 입장에서는 비이원적 세계로 보일 뿐이다. 결국, 둘이 아닌 비이원적 세계에서는 서로가 서로가 되고, 서로가 서로에게 들어가기도 하고, 서로에게서 나오기도 하는 상호침투적인 관계의 특성을 지닌다. 이것을 '상호침투성의 법칙'이라고 부른다.

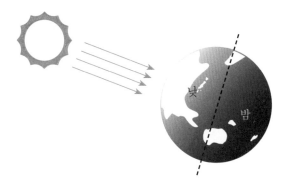

그림 1-12. 입장의 차이

   당신이 원하는 것을 얻게 해주는 끌어당김의 법칙을 작동하게
하는 상호의존성의 법칙과 상호침투성의 법칙은 매우 중요하다.
그러니 한 발 더 들어가 특성에 대해 알아보자.

   상호의존성은 하나의 세계에서 분리된 반쪽(50)/반쪽(50)이 다
시 하나가 되기 위해 통합한다. 하지만 반쪽/반쪽을 하나로 통합하
더라도 그 사이에는 여전히 경계선은 존재하게 된다. 통합한 하나
는 반쪽/반쪽을 더해서 온쪽(100)이 되어야 하지만, 경계선으로 인
해 상호의존하게 되는 반쪽(50+50=50)밖에 되지 않는다.

   반면에 상호침투성은 하나가 되기 위해 반쪽(50)과 반쪽(50)을
합일한다. 합일한 하나는 상호의존하게 만드는 경계선이 존재하지
않아 온쪽(50+50=100)이 된다. 이는 철학자 화이트헤드Alfred North

051

Whitehead가 "이음새[경계선] 없는 우주라는 외투the seamless coat of the universe"라고 말한 것과 같다. 이것을 음양의 원리로 말하면, 상호 의존성은 '분리된 음/양은 서로를 의존하는 힘'으로, 세상이 현재 음의 상태에 있으면 곧 양의 상태로 도래할 것이라는 징조다. 반대도 마찬가지다.

반면에 상호침투성은 '음과 양은 서로를 완전하게 만드는 힘'으로, 합일한 양은 음 속에 존재하는 양이고, 합일한 음은 양 속에 존재하는 음이다.

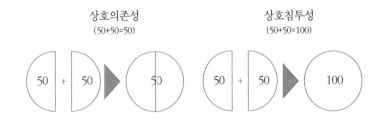

그림 1-13. 통합과 합일의 특성

여기서 명심할 것은 상호침투성은 단지 어느 한쪽에 치우치지 않으려고 적절하게 조화를 이루거나 적당하게 타협하는 '가운데'를 지칭하는 것이 아니라, 양극을 합일해서 양극단에 빠지지 않는 것을 말한다.

그래서 상호침투성을 중세 신비주의 사상가 니콜라우스 쿠자누스Nicolaus Cusanus는 "양극의 조화(일치)coincidentia oppositorum"라고 불렀다. 부처는 불교 경전 '아함경阿含經'에서 "두 양극을 떠나면 곧 '중도中道'가 된다."라고 말했다. 노자는 "유무상생有無相生"이라고 했고, 공자는 "중용中庸"이라고 했다.

과거의 몇몇 위대한 성인들은 상호침투성의 법칙을 사랑의 법칙이라고 불렀다. 생각해보면 이해가 쉽다. 너와 나가 분리되지 않았다면, 너에게 주는 상처는 바로 나에게 상처를 준다는 뜻이다. 다른 것들도 마찬가지다. 그래서 진정한 사랑은 성경 말씀처럼 "네 이웃을 네 몸과 같이 사랑하라."다.

자! 종합해보자. 우주의 참모습은 하나의 세계를 두 개의 세계로 분리하는 동시에 공유하는 것, 즉 '하나가 둘이면서 하나'라고 할 수 있다. 그래서 '무지'란 두 개의 세계를 분리하는 상호의존성이 실재한다는 믿음을 의미한다.

반대로 '깨달음'이란 두 개의 세계가 하나라는 상호침투성을 깨닫는 것을 의미한다. 우주만물의 근원인 '태극(☯)', 수직선과 수평선을 교차시킨 그리스도교의 '십자가(✝)'와 불교 사찰에서 보는 '만(卍)'자, 위로 향한 삼각형과 아래로 향한 삼각형을 포개놓은 유대교의 '다윗의 별(✡)' 등이 모두 이런 상호침투성을 이상으로 삼고 있다는 역사적 증거들이다.

현실로 나타나게 하는 끌어당김의 법칙

세상에는 이것이 아닌 것은 없다. 하지만 세상에는 저것이 아닌 것도 없다. … 따라서 나는 이것이 저것으로부터 나온다고 말한다. 저것은 또한, 이것에서 시작된다고도 주장한다.[상호의존성] 생生은 사死로부터 발생했고 그와 반대이기도 하다. 가능성은 불가능에서부터 나왔고 그것의 역도 성립한다. 긍정은 부정에 기초하고 그의 반대이기도 한다. 어떤 것이 옳으냐고 물을 때 진정한 현자는 모두 구별을 거부하고 천국에 은신한다. 사람은 이것에 기초하고 있지만 이것은 또한, 저것이고 저것은 또한, 이것이다. 이것은 또한, '옳고' 동시에 '그르다.' 저것 또한, '옳고' 동시에 '그르다.' 이것과 저것의 차이는 정말로 있는 것인가 아닌가? 이것과 저것이 상호의존 없이 존재할 때, 그것은 바로 '도의 축'이다. 그 축이 모든 무한대가 모이는 곳을 통과할 때, 긍정과 부정은 똑같이 무한한 하나 속으로 합쳐진다.[상호침투성]

–장자, 내편 제물론편齊物論篇

본래부터 하나였던 세계가 두 세계로 분리되면, 두 세계는 다시 하나의 세계로 되려고 서로를 끌어당긴다. 이것이 우리가 어릴 적에 별 생각 없이 배운 뉴턴의 '만유인력萬有引力, Universal gravitation'이다. 그리고 누구도 만유인력이 왜 생겼는지는 알려주지 않았다. 하지만 이제 방금 당신은 왜 만유인력이 생기는 이유를 알게 되었다. 이렇듯 만유인력은 우주에 존재하는 모든 물질들이 다시 하나가 되려고 서로를 끌어당기는 힘이다.

태양은 지구를 끌어당기고 지구는 사과를 끌어당긴다. 사과도 다른 사물을 끌어당긴다. 이처럼 세상의 모든 존재는 서로를 끌어당긴다.

기억하라. 두 세계가 서로를 끌어당기는 이유는 다시 하나의 세계로 되려는 것이다. 이렇게 하나의 세계가 되려는 힘은 밤/낮이 계속해서 순환하듯이, 두 세계의 균형을 정확히 맞추려고 한다. 그 결과 우주는 어느 한 세계가 '결함이 생기면 반드시 보상'하는 특성을 지닌다. 다시 말하면 하나의 세계가 정점에 이르면, 그만큼 반대쪽 세계는 반드시 결함이 생기게 된다. 이 결함을 보상하기 위해 반드시 되돌아오는 특성을 지닌다. 그래서 노자는 "되돌아오는 것이 도의 움직임反者, 道之動"이라고 했다. 즉 "극즉반極則反", 달이 차면 기울고 밀물이 끝나면 썰물이 들어오듯이, 그 보상은 언제나 일관되고 집요하며 단호하다.

그렇다면 두 세계를 합일하는 상호침투성은 어떻게 될까?

상호침투성은 태양의 입장이며 두 세계가 존재하지 않는 비이원적인 세계다. 이렇듯 반대쪽 세계가 존재하지 않는 비이원적 세계는 반대쪽 세계를 끌어당기지 못한다.

한번 생각해보라.

존재하지도 않는 반대쪽 세계를 어떻게 끌어당길 수 있겠는가. 대신에 당신이 원하는 것과 일치하는 것을 우주로부터 끌어당긴다. 즉, 비슷한 것은 비슷한 것을 끌어당긴다.

태양이 지구를 끌어당기듯 부는 부를 끌어당기고, 성공은 성공을 끌어당기고, 건강은 건강을 끌어당긴다. 태양의 입장에서 바라봤을 때 부는 가난/부를 합일한 부, 성공은 성공/실패를 합일한 성공, 건강은 건강/질병을 합일한 건강뿐만 아니라 다른 모든 것들도 마찬가지다. 이처럼 태양의 입장에서 바라보는 상호침투성은 비슷한 것끼리 서로를 끌어당기게 된다.

　이것을 양자물리학자들은 실험으로 증명했다. 그들은 우주가 원자보다 작은 어떤 미세물질, 즉 양자들로 가득 차 있음을 발견했다. 그리고 이 양자들이 언제라도 파동에서 물질로 전환될 준비를 갖추고 있음을 밝혀냈다. 또 이 양자들이 어떤 비물질적인 힘, 즉 생각 에너지에 반응한다는 사실도 알게 되었다. 양자물리학자들은 하나같이 다음과 같이 말한다.

　"양자들은 지구의 모든 장소와 우주의 모든 장소에 마치 구름처럼 퍼져 있다. 지금 당장 허공을 약 십 초 정도만 쳐다보라. 눈으로 보기에는 아무런 변화도 없을 것이다. 그러나 전자현미경으로 보았다면 매우 놀라운 현상과 마주칠 것이다. 허공 속에 구름처럼 퍼져 있던 양자들이 당신의 생각 에너지에 반응해 당신의 시선이 머물렀던 그 지점으로 미친 듯이 끌어당기는 광경을 보게 되었을 테니 말이다. 양자들은 당신의 생각 에너지에 반응한다. 그 결과 파동에서 물질로 변화한다."

　자! 종합해보자. 하나의 세계가 두 개의 세계로 분리되면 두 세계는 동전의 양면처럼 상호의존성이 생기고, 다시 하나의 세계가 되려는 두 세계는 한쪽 세계에 결함이 생기면 보상하기 위해 고무줄처럼 서로를 끌어당긴다. 반면에 두 세계를 합일하는 상호침투성이 작용하면, 비슷한 것은 비슷한 것을 끌어당긴다. 이것을 '끌어당김의 법칙'이라고 부른다.

1. 멘탈이 상호의존성의 법칙을 따르면 두 세계는 서로를 끌어당긴다.(긍정적인 생각은 부정적인 것을 끌어당기고, 부정적인 생각은 더 부정적인 것을 끌어당기고⋯⋯.)
2. 멘탈이 상호침투성의 법칙을 따르면 비슷한 것끼리 서로를 끌어당긴다.(부는 부를 끌어당기고, 성공은 성공을 끌어당기고, 건강은 건강을 끌어당기고⋯⋯.)

우주는 시간과 공간 속에 물질로서 모습을 드러낸다. 그래서 세상의 모든 물질은 마음의 법칙들을 충실하게 따르고 있다. 지금까지 당신은 마음의 법칙들을 알지 못해서 원하는 일이 우연히 이루어지면 운이 좋다고 말하고, 상식으로는 생각할 수 없는 일이 일어나면 기적이라고 부른 것이다.

하지만 이제 당신은 마음의 법칙들이 무엇인지 명확하게 알았다. 그래서 태양이 뜨면 낮이 되고 태양이 지면 밤이 되는 것처럼, 일어날 일들은 당연히 일어난 것이고, 일어나지 않을 일들은 당연히 일어나지 않았다는 사실을 이해할 것이다.

당신의 현실에 일어난 일들은 모두 아주 정확하고 예외가 없는 마음의 법칙들에 따라, 당신이 뿌린 생각대로 일어난 결과일 뿐이다. 그렇다면 지금까지 당신에게 일어난 일들을 생각해보라. 어떠한가? 당신이 했던 말과 행동을 생각하면 그저 웃음만 나올 것이다.

우주, 부와 성공의 창고

인간은 '우주'라고 부르는 전체의 일부분, 시간과 공간에 의해
한정된 일부분이라며 자신이 다른 것들과 분리되어 있다고 생각하지만,
이는 인간 의식의 시각적인 착각에 지나지 않는다. 이러한 착각 때문에
우리는 감옥에 갇힌 죄수와 같은 존재가 되어, 개인적인 욕구나 주변에 있는
몇 안 되는 사람들에게만 애정을 갖게 된다. 우리가 할 일은 이러한 감옥에서
스스로 자유로워지는 것이다.
  -아인슈타인Albert Einstein

당신은 다른 사람들이 '비밀'의 혜택을 많이 받으면, 그 크기가
줄어들 것이라고 생각하기 쉬운데 전혀 그렇지 않다. 우주는 사람
들이 원하는 모든 것들을 주고도 넘친다. 우주는 고갈되지 않는 부
와 성공의 창고이기 때문이다. 그런 우주의 정체는 무엇일까?

현실을 창조하는 관찰자 효과

아인슈타인은 "모든 물질은 에너지"라고 말했다. 이 말을 달리하
면 에너지는 그 형태만 바꿀 뿐 소멸되지 않는다는 것이다. 결국,
에너지가 우주 만물의 재료가 되는 무형의 근원물질이라고 할 수

있다.

생물이건 광물이건 눈에 보이는 것부터 보이지 않는 것까지 우주 안에 있는 모든 것은 하나같이 에너지에서 파생된 것이다. 물론 인간도 물질이자 에너지다. 따라서 겉모습이 다른 수많은 것들은 모두 에너지가 여러 다른 모습으로 표출된 것일 뿐이다.

그렇다면 이 에너지의 정체는 무엇일까? 하나씩 그 정체를 밝혀 보자. 우선 우주에 있는 모든 것의 최소 구성 물질인 미립자에 대해 알아보자.

눈에 보이는 것이든 보이지 않는 것이든, 우주의 모든 물질은 미립자가 최소 구성 물질이다. 그런 미립자는 에너지로 환원시킬 수 있다. 그러므로 미립자로 구성된 우주의 모든 물질은 모두 에너지를 가지고 있다. 따라서 미립자는 근원물질이자 에너지라고 할 수 있다. 이제 연결 조건이 성립되었다.

근원물질인 미립자의 정체가 밝혀지면, 에너지의 정체도 밝혀진다. 또 에너지의 정체가 밝혀지면, 자동적으로 우주의 정체도 밝혀진다.

자! 미립자의 정체를 알아보기 위해 이중슬릿 실험Double slit experiment을 해보자. 먼저 미립자들을 어마어마하게 부풀려 야구공만 하게 확대시킨다. 그런 다음 전자총에 장전시킨 뒤 두 군데의 슬릿(가늘고 긴 틈)으로 하나씩 발사한다.

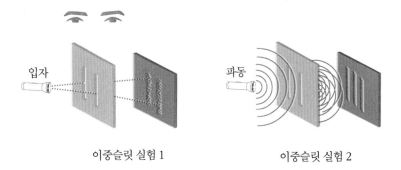

이중슬릿 실험 1   이중슬릿 실험 2

그림 1-14. 우주의 정체

그런데 미립자들이 귀신에 홀린 것일까? 그림 1-14의 실험 1처럼 실험자가 바라보고 있으면, 미립자가 슬릿을 직선으로 통과해 뒷면에 알갱이의 입자 자국을 남겼다. 하지만 실험 2처럼 실험자가 바라보지 않으면, 미립자는 물결처럼 통과하며 벽면에 물결의 파동 자국을 남겼다.

그렇다면 왜 실험자가 바라볼 때만 미립자는 입자로 행동하는 걸까? 혹시 실험자가 미립자를 바라볼 때마다 '미립자는 고체 알갱이야!'라고 생각하는 것은 아닐까? 다시 말해 미립자가 실험자의 생각을 읽고 고체 알갱이처럼 입자로 행동하는 것은 아닐까? 이처럼 실험자가 미립자를 알갱이라고 생각하고 바라보면 입자의 모습이 나타나고, 바라보지 않으면 파동의 모습이 나타나는 현상을 양자물리학자들은 '관찰자 효과observer effect'라고 부른다.

양자물리학자인 울프Fred Alan Wolf 박사에 따르면 "관찰자 효과는

'신이 부리는 요술God's trick'이고, 미립자, 소립자, 에너지로 가득한 우주 공간은 '신의 마음Mind of God'이다."라고 하였다. 이것이 당신이 뿌린 생각이 현실로 나타나는 '비밀'의 가장 핵심적인 원리다.

생각이 현실을 만든다

노벨 물리학상 수상자 파인만Richard Phillips Feynman 박사는 이중슬릿 실험의 결과에 대해 "미립자는 인간의 마음이 어떤 원리로 만물을 변화시키고 새 운명을 창조해내는지 한눈에 알 수 있게 한다."라고 말했다. 또 노벨 물리학상 수상자 하이젠베르크Werner Karl Heisenberg는 "미립자들은 우주의 모든 정보와 지혜, 힘을 갖고 있고 모든 걸 알고 있다. 그래서 동물이나 식물, 물과 바위 등 어떤 것으로든 현실화될 수 있다. 모든 가능성을 가진 마법의 알갱이들이다."라고 말했다.

당신의 생각이 에너지에 영향을 미치면, 생각 에너지가 되어 생각하는 근원물질(미립자)이 된다. 그러면 근원물질이 생각한 대로 현실이 된다. 왜냐하면 근원물질은 우주의 모든 정보, 지혜, 무한한 힘을 갖고 있기 때문이다. 이것이 바로 우주의 정체다. 다시 말해 근원물질은 우주에 존재하다가 당신이 어떤 의도를 품고 바라보는 바로 그 순간, 돌연 눈에 보이는 현실로 모습을 드러내는 것이다. 결국, 눈에 보이지 않는 생각(원인)이 눈에 보이는 현실(결과)

을 창조한다.

아인슈타인의 말처럼 생각은 에너지다. 그리고 에너지는 물질로 환원이 가능하다. 그러므로 생각은 물질이다. 다시 말해 당신이 머릿속에서 생각하는 것은 분자, 부피, 무게, 그리고 에너지를 지닌 물질이다. 왜냐하면 당신은 생각한(심리 에너지) 다음에 행동하고 (운동 에너지), 행동은 결과(물질 에너지)를 만들기 때문이다.

나아가 '에너지 보존의 법칙law of energy conservation'9에 따라 심리 에너지와 운동 에너지와 물질 에너지 총량은 같다. 이 말을 달리하면 당신의 생각과 행동과 현재 모습의 에너지 총량은 같다는 것이다. 결국, 당신이 생각한 대로 현실을 만든 것이다.

모든 물질을 만드는 에너지는 생각하는 근원물질(미립자)이라서, 이 에너지가 생각하는 대로 비슷한 것을 끌어당겨 현실을 만든다.

당신의 인생은 생각이 현실로 비춰져 나오는 거울과 같다. 당신이 생각한 것은 무엇이든지 형체를 만들어 삶의 일부가 되려고 한다. 다시 말하면 당신이 원하는 것을 생각하면 현실로 나타나게 할 수 있다는 것이다. 이렇듯 당신의 생각이 무형의 에너지를 유형의

---

9 하나의 에너지 체계에 있는 모든 작용은 '에너지 보존의 법칙'에 따른다. 이 법칙은 한마디로 '에너지는 다른 형태로 변형될 수는 있지만, 소멸되지는 않고 에너지의 총량은 항상 일정하게 보존된다.'라는 것이다. 예를 들어 전동기에서는 '전기에너지'가 '운동에너지'로 바뀐다. 이때 변환 전의 에너지의 총량은 전환 후의 에너지의 총량과 같다. 하지만 실제로 전기에너지의 총량과 운동에너지의 총량을 비교하면, 운동에너지의 크기가 항상 작게 산출된다. 왜냐하면 전환과정에서는 마찰이나 저항에 의한 열이나 소리 등이 발생하기 때문이다. 따라서 운동에너지에 모터에서 나는 열이나 소리 등의 에너지를 모두 합하면, 처음의 전기에너지의 총량과 같아진다.

물질로 창조해낼 수 있는 유일한 힘이다. 이것이 당신이 원하는 것을 현실로 창조하는 방식이다.

명심하라.

당신의 멘탈이 상호의존성을 따르든 상호침투성을 따르든, 그것에 맞는 생각이 에너지에 영향을 미쳐서 생각하는 근원물질(미립자)로 변한다. 이 생각하는 근원물질은 마음의 법칙들을 움직이게 하는 힘이라서, 당신의 생각에 맞는 것을 끌어당겨 현실로 나타나게 한다. 즉, 당신이 생각한 대로 현실이 된다.

당신의 삶에서 일어난 모든 일들은 당신의 생각이 구체적으로 표현된 것뿐이다. 당신은 생각으로 만들어 낸 세상, 생각으로 만든 우주에 살고 있다. 그래서 당신이 곧 세상이고, 세상이 곧 당신이다. 나아가 당신이 곧 우주이고, 우주가 곧 당신이다. 당신이 이 '비밀'을 이해하게 되면, 당신이 있는 곳은 어디나 천국이라는 사실을 알게 될 것이다.

우주는 무한대로 부를 공급해준다

그런데 우주는 왜 무형의 에너지를 유형의 물질로 전환시키는 것일까? 우주는 자신을 좀 더 충만하게 표현하기 위해 무형의 에너지를 유형의 물질로 전환시키는 것은 아닐까? 이것이 우주의 정체가 아닐까?

새로운 것을 끊임없이 만들어 진화를 거치고 오래되면 사라져가 지만, 이 모든 것이 무형의 에너지에서 나온다. 그래서 새로운 것을 만들어 내는 무형의 에너지는 살아 있는 존재이며 생각하는 근원물질(미립자)이다.

중요한 사실은 이 에너지는 우주에 무한정 많다는 것이다. 아니, 우주는 이 무형의 에너지로 전부 구성되어 있다. 그래서 양자물리학자 데이비드 봄David Bohm의 말처럼 "우주에 존재하는 모든 것은 오직 하나[에너지]에 의해서 연결되어 있다."라고 할 수 있다. 한마디로 우주는 '하나의 에너지 체계'라고 할 수 있다.

인간도 하나의 에너지 체계의 일부분이다. 그래서 당신의 모든 생각이 외부 세계로 표현할 수 있다. 즉, 세상은 당신의 마음에서 일어난 생각이 외부로 투영된 결과다.

나아가 당신은 아무리 멀리 떨어져 있어도 다른 사람과 생각을 교류할 수 있다. 이를 통해 다른 사람의 질병을 고칠 수도 있고, 다른 사람의 생각을 읽을 수도 있다. 그래서 인류 전체가 공통적인 생각을 가질 수 있고, 그 생각으로 인해 모든 사람이 변화될 수도 있다. 이것을 분석심리학을 창시한 융Carl Gustav Jung은 "집단 무의식 collective unconscious"이라고 말했다. 따라서 인류 전체가 공통적인 생각으로 이 '비밀'을 받아들인다면, 인류는 가난과 질병, 갈등과 분열, 폭력과 전쟁 등에서 즉시 해방될 수 있다.

게다가 인류가 살고 있는 우주 외에도 2천억 개 이상의 우주가 더 있다고 한다. 그리고 아직까지 우주의 끝이 어디인지 알지 못하

고 있다. 더구나 여태까지 만들어진 우주의 수만 배가 이 에너지로
부터 더 만들어질 수도 있다. 그럼에도 우주의 재료가 되는 에너지
의 근원물질이 고갈되는 일은 결코 일어나지 않는다. 이렇게 무한
한 에너지를 가지고 있는 우주는 당신에게 무한대로 부를 공급해
줄 수 있다. 부의 고갈이란 불가능하다. 그래서 우주는 모든 사람
이 원하는 것을 모두 갖춘 보물창고다.

'비밀'은 발견했을 때만 모습을 드러낸다

"당신이 무엇인가를 진심으로 원할 때 온 우주는 당신의 소망이 실현되
도록 도와준다."

–파울로 코엘료Paulo Coelho, 《연금술사》

  지금까지 설명한 '비밀'을 한 문장으로 요약하면, "세상에 존재하
는 모든 '물질(있음有)'은 '에너지(있음有)'에서 생겨났다."라고 할 수
있다. 여기서 '생겨났다', '나타났다', '있다'라는 우리말은 순수한
'없음無'에서 '있음有'으로의 전환을 의미하지 않는다. 그것은 '있음'
에서 '있음'으로의 전환일 뿐이다.
  예를 들어 '아이가 생겼다.'라는 말은 정자와 난자가 결합하여,
그 결합체가 분화되는 과정에서 주변의 가능한 모든 근원물질(미
립자)을 흡수시켜 변형된 결과를 말하는 것이다. 그래서 아기는 창

조된 것이 아니라 이미 있는 것으로부터 생성되었을 뿐이다.

어떤 것도 '없음'에서부터 생겨날 수는 없다. 모든 것은 이미 존재하는 근원물질로부터 생겨나야만 한다. 이미 있는 것이 아니라 새롭게 생겨난 것이라면, 언젠가는 사라지기 때문이다. 그래서 신체는 이상이 없는데 임신이 잘되지 않는 여성이 '아이가 없다.'는 전제로, 아이를 생기게 해달라고 하면 임신이 잘 되지 않는다. 반면에 이미 '아이가 있다.'는 전제로, 아이를 생기게 해달라고 하면 자연스럽게 임신이 된다.

반대로 '돌아갔다', '사라졌다', '없다'라는 말은 '있음'에서 순수한 '없음'으로서의 전환을 의미하지 않는다. 이것 또한 '물질(있음有)'에서 '에너지(있음有)'로의 전환일 뿐이다.

육체의 생명이 다하면 '돌아갔다'라는 표현을 쓰는데, 이것은 본래 있었던 곳의 근원물질로 변형된 결과를 말하는 것이다. 그래서 인간의 탄생을 생유生有라고 말하고, 죽음을 사유死有라고 부르는 것이다. 오직 무無만이 무無로부터 생겨난 결과다.[10]

---

10 노자는 "무無가 천지의 시작이다."라고 했다. 하지만 천지가 '무'에서부터 시작되었다거나 천지가 '무'로부터 발생되었다고 잘못 이해하면 안 된다. 노자가 말하는 천지가 시작하는 '무無'는 '유有'에 대한 반대 개념이 아니라 우주가 존재하기 전의 상태, 즉 무와 유를 초월하는 무다. '시간'이나 '공간'처럼 이 세계에서 스스로의 구체적인 모습을 갖고 있지는 않으면서도, 이 세계가 작동되거나 존재하도록 하는 어떤 영역이 있다고 본 것이다. 그 영역을 그는 '무'라고 표현하였다. 예들 들어 '시작'은 과연 어디에 있을까? 시작이라는 것은 이 세계 어디에도 구체적으로 존재하지 않지만, 시작이 없으면 끝이 없으며, 시작을 위한 준비 과정도 아무 의미가 없다. 가령, 달리기를 할 때 심판이 "출발!" 신호를 보냈을 때 그 사람이 다리를 살짝 떼었다면 이것은 '출발'일까, 아니면 달리기일까? 다리를 뗐다면 분명 이미 달리기가 진행된 것으로 봐야 한다. 출발은 아니다. 반면에 아직 다리를 떼지 않고 있다면 아직 준비 단계다. 이 또한, 출발은 아니다. '출발'은 따로 존재하지 않지만, '출발'이라는 시작 순간이 없다면 준비와 달리기는 연결되지 못한다. 결국, 달리기는 불가능하다. 공간도 마찬가지다. 인간의 몸에는 텅 빈 공간들이 있다. 그런데 그 공간 덕분에 인간의 몸이 기능하고 활동할 수 있다. 이처럼 '시작'이나 '출발'이나 '공간'처럼 스스로의 구체적인

그래서 당신이 원하는 모든 것들도 있음에서 있음으로의 전환이라서 이미 이루어져 있다. 단지 당신은 눈에 보이지 않는다는 이유만으로 그것을 믿지 않을 뿐이다. 이것을 이해하기 쉽도록 당신이 땅을 파서 우물을 하나 만들었다고 생각해보자. 우물이 만들어진 것인가, 아니면 원래부터 땅속에 우물이 있었던 것인가? 단지 당신은 땅을 팠을 뿐이고, 우물은 이미 땅속에 있었을 뿐이다. 이것이 진실이다.

전기를 예로 들어보자. 전기는 발견된 이후에만 생겨난 것인가? 아니면 발견 전에도 있던 것인가?

전기는 우주에 항상 존재했다. 1,000년 전에도 1만 년 전에도 1억 년 전에도 존재했던 힘이다. 하지만 전기를 발견하기 전에는 조금의 혜택도 볼 수 없었다. 이것이 자연의 법칙이다. 그래서 세상의 모든 것은 언제나 존재하고 있었지만, 인류가 그 존재를 발견해야 사용할 수 있다. 반면에 그것을 발견하기 전에는 혜택을 전혀 받을 수 없다. 마찬가지로 이 '비밀'도 당신이 발견했을 때만 모습을 드러내고, 작동 방법을 실천했을 때만 혜택을 받을 수 있다.

모습을 갖고 있지는 않은 '무'가 없다면, 이 세계가 작동되거나 존재하지 못하는 것이다. 그래서 장자는 〈제물론〉편에서 이렇게 말했다. "'시작'이 있다는 것은 '아직 시작하기 이전'이 있다는 것을 내포하고, 나아가 시작하기 이전이라는 것도 '시작 이전의 이전'이 있다는 것을 내포한다. '있음有'이 있다는 것은 '있음有 이전의 없음無'이 있다는 것을 내포하고, 나아가 있음 이전의 없음이라는 것도 '없음 이전의 없음無'이 있다는 것을 내포한다."

모든 것은 이미 이루어져 있다

당신이 휴대폰으로 누군가와 통화하면 눈에 보이지 않는 주파수에 음성 정보가 들어 있는 것처럼, 에너지(미립자)에는 모든 정보가 들어 있다. 휴대폰으로 언제 어디서나 원하는 정보를 얻을 수 있는 것처럼, 당신이 원하는 모든 것을 에너지로부터 얻을 수 있다.

그래서 당신이 원하는 모든 것은 본래 이루어져서 당신을 위해 이미 존재하고 있다. 하지만 당신이 이 '비밀'을 발견하지 못해서 현실로 나타나지 않고 있을 뿐이다. 이처럼 당신이 원하는 것이 무엇이든 이미 있는 것이어야만 한다. 이미 있는 것이 아니라 새롭게 얻는 것이라면, 언젠가는 반드시 잃어버리게 되어 있다. 그렇다면 당신은 이미 있는 것 중에서 원하는 것만 고르면 된다. 그러면 에너지가 당신이 원하는 것으로 전환되어 현실로 나타날 것이다. 이것만이 진실임을 명심하라.

우주는 당신이 원하는 모든 것을 무한히 줄 수 있다. 그런데 '원하는 것이 너무 크다.', '이것은 불가능해.', '시간이 많이 걸릴 거야.'와 같은 당신의 생각이 그것을 가로막고 있다. 당신이 우주의 성의를 무시하면 자기 자신에 대한, 인류에 대한, 나아가 우주에 대한 직무 유기가 된다. 더구나 당신의 편협한 생각으로 우주에게 원하지도 않는데 어찌 우주가 줄 수 있겠는가.

알라딘과 마술램프를 생각해보라. 알라딘이 지니에게 항상 원하는 것을 요청한다는 사실을 명심하라.

우주에는 이 세상의 모든 사람들이 부자가 되고 남을 만큼 부는 넘치도록 충분하다. 단지 당신이 원하지 않아서 가난한 것이다. 당신의 생각이 현실을 만든다. 따라서 당신의 부는 당신이 생각하는 만큼만 늘어난다. 여기서 중요한 것은 당신의 멘탈이 지구의 입장이 아니라, 태양의 입장에서 원해야 한다는 것이다. 그렇지 않으면 당신이 원하는 것과 정반대의 결과가 나타나기 때문이다.

생각을 지배하라

자! 문제는 당신의 생각이다.

'원하는 것이 크니까 시간이 좀 걸릴 거야.', '원하는 것이 작으니까 몇 시간이면 되겠지.'와 같은 생각이 주술을 걸듯이, 당신을 환경에 구속시켜 버리거나, 상황에 사로잡히게 하거나, 갇혀버리게 한다. 그런 규칙은 우주가 아니라 당신이 정한 것이다. 우주에게 크기와 시간은 무의미하다.

자유를 예로 들어보자.

당신은 늘 자유를 갈망하지만, 실제로는 당신 스스로가 구속한 것에 불과하다. 당신이 구속되어 있다고 생각하면, 자유에 대한 갈망이 저절로 떠오른다. 하지만 구속되어 있다는 전제가 없다면, 자유를 갈망할 수 없다. 따라서 당신의 멘탈이 구속되어 있다는 생각을 리셋하면, 자유는 저절로 생기는 것이다.

가난, 질병, 괴로움, 불행 등 모든 것들도 마찬가지다. 이것은 마치 물고기가 물속에서 태어나서 살다가 물속에서 죽어도 물이 무엇인지 모르는 것과 같은 이치다. 그래서 당신이 생각을 지배하지 않으면, 생각이 당신을 지배하게 된다. 당신이 생각을 지배하려면, 오직 멘탈을 리셋하는 길뿐이다.

이렇듯 현재의 상황이나 환경은 당신이 지금까지 해온 생각의 결과다. 눈에 보이는 결과를 바꾸려면 보이지 않는 원인을 바꿔야 한다. 외부 세계를 바꾸는 방법은 오직 내부 세계를 바꾸는 멘탈 리셋뿐이다. 다시 말해 당신의 멘탈을 지구의 입장에서 태양의 입장으로 리셋하는 것이다. 이것이 당신이 원하는 것을 얻는 '비밀'이다. 이 '비밀' 외에 당신이 다른 방법을 찾으려 한다면 완벽한 실패만 맛보게 될 것이다.

◆ '비밀'은 당신이 발견했을 때만 모습을 드러내고, 작동하는 방법을 실천했을 때만 혜택을 준다. 부와 성공은 부동산, 주식 등에 투자를 하거나, 지식과 능력을 쌓거나, 열심히 일한다고 얻는 것이 아니라 멘탈에 의해서 결정이 된다.

◆ 부와 성공을 얻는 본질적인 이유는 환경이나 재능이 아니다. 부자와 빈자를 결정하는 원인은 외부에 있지 않고 내부에 있다. 외부의 상황이나 환경은 스스로 어떤 결과를 만들지 않는다. 당신에게 일어나는 모든 일들은 당신의 멘탈에 의해 만들어진다. 당신이 세상을 바라보는 마음의 구조, 즉 멘탈을 리셋하지 않고 현실을 바꾸려는 노력은 아무 쓸모도 없는 헛된 것이다.

◆ 눈에 보이지 않는 씨앗과 뿌리(원인)가 눈에 보이는 열매(결과)를 만든다. 열매를 바꾸려면 씨앗과 뿌리를 바꿔야 한다. 씨앗은 과거의 기억이고, 뿌리는 현재의 생각이다. 즉, 당신이 뿌린 생각이 현재의 모습을 창조한다. 하지만 한 번 영근 열매는 바꿀 수 없다. 나아가 열매로 열매를 바꿀 수 없듯이, 결과로 결과를 바꿀 수 없다. 결

과를 바꾸려면 오직 원인을 바꿔야 하듯, 현재의 모습을 바꾸려면 생각(기억)을 바꿔야 한다. 따라서 당신이 멘탈을 리셋하면, 현실은 완전히 바뀐다. 이것이 멘탈 리셋이자 당신이 원하는 것을 얻는 '비밀'이다.

◆ '비밀'의 열매를 얻기 위해서는 원인과 결과를 만드는 마음의 세 가지 법칙을 이해해야 한다. '상호의존성의 법칙'이 하나의 세계를 두 세계로 분리한다면, '상호침투성의 법칙'은 두 세계를 하나의 세계로 합일한다. '끌어당김의 법칙'은 마음이 상호의존성이면 두 세계는 서로를 끌어당기고, 마음이 상호침투성이면 비슷한 것끼리 서로를 끌어당긴다.

1. 멘탈이 상호의존성의 법칙을 따르면, 두 세계는 서로를 끌어당긴다.(긍정적인 생각은 부정적인 것을 끌어당기고, 부정적인 생각은 더 부정적인 것을 끌어당기고…… .)

2. 멘탈이 상호침투성의 법칙을 따르면, 비슷한 것끼리 서로를 끌어당긴다.(부는 부를 끌어당기고, 성공은 성공을 끌어당기고, 건강은 건강을 끌어당기고…… .)

◆ 인간은 평생 동안 하나의 세계에 경계선을, 두 개의 세계로 분리하는 일을 한다. 이것이 모든 인간이 태어날 때부터 가지고 있는 '원죄'이자 '자유의지'이고 '업식'이다.

◆ 당신의 생각은 눈에 보이지 않지만 감정을 낳고, 감정은 당신을 행동하게 하고, 행동은 눈에 보이는 현실을 만들어 낸다. 원인과 결과는 생각이라는 하나의 것을 두 가지 측면으로 나타낸 것이다. 그래서 당신이 생각을 지배하지 않으면, 생각이 당신을 지배하게 된다. 당신이 생각을 지배하려면 멘탈을 리셋해야 한다.

◆ 당신이 원하는 모든 것은 본래 이루어져서 이미 존재하고 있다. 이미 있는 것이 아니라 새롭게 얻는 것이라면, 언젠가는 반드시 잃어버리게 되어 있다. 하지만 당신이 이 '비밀'을 발견하지 못해서 당신이 원하는 것이 현실로 나타나지 않는다.

◆ 당신의 생각이 에너지에 영향을 미치면, 생각 에너지가 되어 생각하는 근원물질(미립자)이 된다. 그러면 근원물질이 생각한 대로 현

실이 된다. 이 근원물질이 마음의 법칙들을 움직이게 하는 힘이다.

◆ 우주에는 이 세상의 모든 사람들이 부자가 되고 남을 만큼 부는 충분하다. 하지만 당신이 우주에게 요청하지 않아서 가난을 벗어나지 못하고 있다. 그래서 당신의 부는 당신이 생각한 만큼만 늘어난다.

◆ 당신의 생각이 현실을 만든다. 당신의 현실은 당신이 지금까지 해온 생각의 결과다. 당신이 멘탈을 지구의 입장에서 태양의 입장으로 리셋하면, 현재의 상황과 환경은 완전히 바뀐다. 이 '비밀' 외에 당신이 다른 방법을 찾으려 한다면 완벽한 실패만 맛보게 될 것이다.

2부

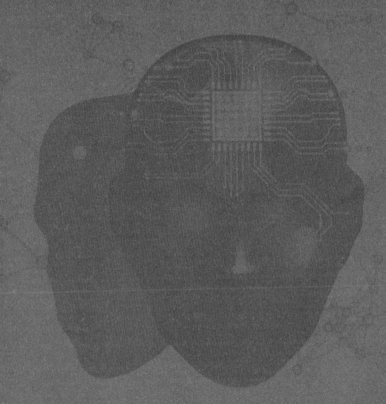

부와 성공을 얻는
'비밀'의 원리

자신의 편견을 떨쳐버릴 수 없는 미숙한 마음은···
주체/객체, 시간/공간, 정신/물질, 자유/필연, 자유의지/법칙이라는
이원성[상호의존성]의 올가미 속에서 발버둥 쳐야 하는 저주에 사로잡힌다. 하나뿐이어야만
하는 진실이 모순에 시달린다. 인간은 자신이 어디 있는지를 생각할 수 없게 된다.
하나의 세계로부터 두 개의 세계를 만들어냈기 때문이다.

-화이트L. L. Whyte

어느 시대에서나 환경이 좋든지 나쁘든지, 재능이 있든지 없든지, 부와 성공을 얻은 사람들을 찾아볼 수 있다. 누군가 부와 성공을 얻었다면, 그 현상 안에는 분명히 실제로 존재하는 어떤 원리가 어떤 방법으로든 이용되었다는 말이 된다. 인류 역사상 소수의 사람만이 부와 성공을 얻는 어떤 원리를 만족시켜 기회를 얻은 것이다.

'비밀'은 공평하다

그렇다면 왜 누구는 기회를 얻은 반면에 누구는 기회를 얻지 못한 것일까?

대부분의 사람들은 우주가 특정한 사람에게 기회를 줘서 부와 성공을 얻었을 것이라고 생각한다. 그런데 우주는 전혀 그렇지 않다. 우주는 절대로 사람을 가리지 않는다. 언제나 공평하다. 우주가 공평하다는 사실을 사람들은 흔히 "누구나 인생에서 세 번의 기회는 있다."라는 말로 표현하고 있다.

당신이 '비밀'을 온전히 이해하고, 인생을 '비밀'의 원리대로만 살면 끝없는 기회를 맞게 될 것이다. 그 끝없는 기회는 당신을 통해 나타낼 길을 찾고 있으며, 게다가 절대 잃어버릴 일도 없다. '비밀'은 세상 누구에게나 똑같이 적용되기 때문이다.

당신이 지금 해야 할 일은 부동산이나 주식 등에 투자를 하거나, 지식이나 능력을 쌓거나, 열심히 일하는 것이 아니다. 지금과 같이 멘탈이 지구의 입장으로 계속해서 따르는 이상, 현재의 상황과 환경을 결코 바꿀 수 없기 때문이다. 원인을 바꿔야 결과가 바뀐다는 사실을 기억하자.

'비밀'에는 한계가 없다

당신이 이 '비밀'을 이해하고 멘탈을 태양의 입장으로 리셋하면, 행복과 풍요를 경험하게 될 것이다. 하지만 대부분의 사람들은 이 '비밀'을 믿지 않는다. 그들은 이 '비밀'을 어리석은 생각이라고 말하고, 진실이기에는 너무 단순하다고 말한다. 그래서 사람들은 자폐아처럼 자신만의 세상을 살아가게 된다. '비밀'에는 한계가 없지만, '비밀'에 대한 인간의 이해는 한계가 존재한다. 당신의 현재 모습은 그 한계만큼 나온 결과일 뿐이다.

그래서 당신이 오늘 가지고 있는 것, 내일 가지게 될 것, 그 다음

날 가지게 될 것은 지금 당신의 멘탈이 어떤 상태인지만큼 중요하지 않다. 왜냐하면 그런 것들은 모두 모래 위에 어떤 집을 지을까를 생각하는 것과 같기 때문이다. 아무리 멋진 집도 모래 위에 지으면 언젠가는 반드시 무너진다. 이것이 자연의 이치다.

'비밀'에는 한계란 없다. 하지만 한계에 얽매인 당신의 생각이 모든 불행의 근원이다. 당신이 이 '비밀'을 사실로 믿고 멘탈을 리셋하기만 한다면, 금세 진실임이 입증될 것이다. 그리고 그런 당신을 보고 이 '비밀'을 믿어 멘탈을 리셋하는 사람들의 삶을 통해 또다시 증명될 것이다. 이것으로 인해 더 많은 사람들이 이 '비밀'을 믿어 멘탈을 리셋할 것이다. 그러면 인류는 가난과 질병, 갈등과 분열, 폭력과 전쟁 등에서 완전히 해방될 것이다.

하지만 당신의 멘탈이 지구의 입장을 계속해서 따르는 한, 당신을 둘러싸고 있는 현재의 상황이나 환경은 절대로 바뀌질 않을 것이다. 나아가 세상도 변화가 없을 것이다. 그러면 당신의 삶은 끝도 보이지 않는 사막에서 신기루를 찾아 헤매듯이, 다른 사람들과 무한경쟁하며 약육강식이 일상이 될 것이다.

당신은 부자가 되고 싶은가? 당신은 성공을 하고 싶은가? 당신이 원하는 것이 무엇이든 얻고 싶은가? 그렇다면 당신은 지금 당장 모든 일을 멈추고, 부와 성공을 얻는 '비밀'의 원리를 완벽하게 이해하라. 지금 당신에게 이 '비밀'의 원리를 이해하는 일보다 중요한 것은 세상에 없다. 그러면 당신은 원하는 것이 무엇이든 얻을 수 있는 요술 램프를 얻게 될 것이다.

마음, '비밀'의 문을 여는 열쇠

인간은 우주를 축소한 소우주다.
그러므로 인간이 무엇인가 하는 문제는 우주를 밝혀내는 단서다.

– 데이비드 봄David Bohm

마음의 법칙들이 바로 세상 만물을 창조하는 원리이자 세상을 움직이는 힘이다. 왜냐하면 마음의 법칙들이 세상의 모든 원인과 결과를 만들어 내기 때문이다. 이 법칙들은 세상 만물에 예외 없이 적용된다. 그래서 하나님의 형상대로 사람을 창조한 인간의 마음을 알기만 한다면, '비밀'의 원리를 깨달을 수 있다.

멘탈은 상호의존성의 법칙을 따른다

그렇다면 마음이란 무엇일까? 마음은 언제 생겨날까? 사실 마음은 아무 형체도 없고 만질 수도 없다. 하지만 마음이란 어떤 자극이 일어나서 인식될 때, 그 자극을 해결하려고 두 개의 세계가 생겨나면서 드러난다. 즉, 당신에게 없었던 마음이 드러나는 것은 태양이 지구를 비추면 음/양이 드러나듯이, 어떤 자극을 받으면 '이것(음)'/'저것(양)'으로 분리되어 두 힘이 작용할 때다. 다시 말하면 당신의 멘탈이 상호의존성의 법칙을 따를 때 마음은 생겨난다.

당신이 살아가는 데 의지가 필요하지 않는 일상적인 일들은 멘탈이 상호침투성의 법칙을 따르지만, 당신이 행복하기 위해 의지로 하는 행위, 즉 '내 뜻대로', '내가 원하는 대로', '내가 하고 싶은 대로', '무엇이 되려는', '무엇을 소유하려는', '무엇을 이루려는', '나의 것에 주의와 집중하는' 일들은 모두 멘탈이 상호의존성의 법칙을 충실하게 따른다. 예를 들면 당신의 마음이 있음有/없음無으로 분리되면, 당신이 원하는 것이 현실에 없다는 전제를 가지게 되어 그것을 이루려고 할 때 마음이 생기는 것이다. 그래서 상호의존성의 법칙에 따라 이것/저것의 두 힘이 팽팽하게 줄다리기를 할 때, 그 줄의 무게중심이 바로 당신의 마음이다. 예를 하나 들어보자.

◆ 1단계 : 물건 → 눈으로 물건을 감지 → 물건을 인식한다.
◆ 2단계 : 물건을 훔치고 싶은 마음이 일어난다.(상호의존성)
◆ 3단계 : 물건을 훔쳐서 만족감을 느낀다.

자! 2단계를 주시하자.

당신의 마음은 자극을 해결하려고 두 개의 세계로 분리되는 순간의 반발력에 의해 드러난다. 하지만 물건을 훔치는데 훔치는 것이 나쁘다는 것을 모른다면, 마음은 드러나지 않는다. 그런데 신기하게도 마음이 드러나지 않으면, 공감 능력과 죄책감 결여, 낮은 행동 통제력, 극단적인 자기중심성, 기만(거짓말) 등과 같은 반사회적 인격 장애를 갖게 된다는 것이다. 이것을 흔히 사이코패스 Psychopath 또는 소시오패스Sociopath라고 부른다.

이와 반대로 도둑질을 하면 '나쁘다'라는 반대의 힘이 생기는 순간 마음은 불쑥 나타난다. 이렇게 당신은 마음이 드러나야만 정상적인 일상생활이 가능하다. 이렇게 당신의 멘탈을 움직이고 마음을 작동하게 하는 주체가 바로 '자아ego'다.

자아는 잠에서 눈을 뜨면 세상이 보이듯, 나와 세상에 경계선을 긋고 분리한다. 당신은 자아가 나/세상을 공간적으로 분리하지 않으면, 나라는 존재는 인식할 수 없다. 그뿐만 아니라 자아가 과거/현재 또는 현재/미래를 시간적으로 분리하지 않으면, 현재도 인식할 수 없다. 나아가 당신이 어떤 대상이나 현상을 볼 때에도 자아가 좋음/나쁨, 옳음/그름, 선/악 등으로 분리해서 바라보지 않으면, 당신은 자연에서 생존할 수 없다. 가령, 당신이 독초를 보는데 자아가 좋음/나쁨을 분리하지 않으면, 당신은 독초를 그냥 먹고 죽게 될 것이다. 이렇듯 인간의 멘탈은 자연에서 생존하기 위해 태생적으로 상호의존성의 법칙을 충실히 따르는 속성을 가지게 되었다.

생각은 주술이다

그렇다면 생각은 어떻게 탄생하는 것일까? 자아가 텅 빈 마음에 경계선을 그어 두 개의 세계로 분리하면, 그 틈에서 티끌만 한 생각이 싹이 튼다. 그 위에 다시 2차 분리가 일어나면, 생각은 그 틈을 거치면서 더 많이 쪼개진다. 이렇게 마음이 계속해서 분리가 일어날수록 점점 뭉게뭉게 버섯구름이 피어오르듯, 생각이 의식의 표면을 완전히 덮어버린다. 그러면 멘탈은 어린아이가 어리광을 부리듯, 끊임없이 생각을 지껄이느라 바쁘다. 이렇게 연기처럼 피어오르는 생각의 99%는 상호의존성이다. 그래서 '나는 왜 고통스럽지?', '나만 왜 이리 힘이 들지?'라는 식으로 생각에 계속 '나'가 따라붙는 것이다.

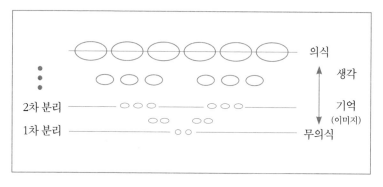

그림 2-1. 생각의 탄생

심리학자 워런Neil Warren에 따르면, 보통 사람들은 1분에 평균 최고 1,300단어로 혼자서 수다를 떤다고 한다. 그래서 하루 평균 2만 가지의 온갖 상황을 지각하면서 피어오르는 6만 가지의 생각들로 뒤덮여 있다. 그런데 그 생각들 중에 95%(5만 7천 개) 이상은 자신의 생존에 위험을 느끼는 편도체에서 보내는 부정적인 생각이다.

이것은 인간이 생존하기 매우 어려웠던 원시시대로부터 받은 인류의 유산이다. 왜 그럴까? 긍정적인 생각은 자신을 방어하거나, 위험을 피하거나, 먹을 것을 얻는 데 도움이 되지 않기 때문이다. 예를 들어 동굴에 들어갈 때 호랑이가 있는지 의심하지 않고 그냥 들어가면 어떻게 되겠는가. 한마디로 생각이란 자신을 보호하기 위한 것이다. 즉, 그것은 자신의 생존을 위해 안전하려는 생각이다. 이처럼 생각은 먼저 마음이 안전/불안전으로 분리되어야 가능한 것이다.

그렇다면 당신의 주위를 한번 살펴보라. 누구도 당신의 생존을 위협하지 않는다. 이렇게 당신은 안전하지만 항상 불안해한다. 옛날이나 지금이나 끊임없이 일어나는 생각들은 거의 대부분 지금 당장 현실에서는 일어나지 않는 부정적인 것들이다. 그런 부정적인 생각들이 주술이 되어 현실을 만들어 낸다.

두려워하면 아무것도 얻지 못한다

당신의 마음은 하나의 세계가 두 개의 세계로 분리되어 결함이 생기면, 반드시 보상하는 특성을 지니게 된다. 그 결과 끌어당김의 법칙이 작동하게 된다. 한마디로 두 개의 세계는 고무줄의 양 끝이라고 할 수 있다. 당신이 이쪽 끝을 당기면, 동시에 저쪽 끝은 자동적으로 끌려온다. 이것은 전기 스위치를 켜면 컴퓨터가 작동하는 원리와 같다. 컴퓨터는 원인이 같으면 항상 같은 결과가 나온다. 그래서 '비밀'도 컴퓨터처럼 작동된다고 하거나, 멘탈을 리셋한다고 표현하는 것이다.

지금 이 책을 읽으면서도 당신이 얼마나 부정적인 생각을 많이 하고 있는지 알아차려 보라. 당신이 부정적인 생각에서 빠져나온다는 것이 얼마나 어려운지 깨닫게 된다면, 그 생각이 현재의 모습을 만들었다는 것을 금방 알게 될 것이다. 물론 당신이 과거에 한 생각 중에는 긍정적인 생각도 있고, 부정적인 생각도 있을 것이다. 하지만 상호의존성에 기반한 생각들은 모두 부정적이며 좋지 않은 결과를 끌어당긴다. 이를테면 '선'을 추구하면 '선하지 못함'을 끌어당기듯, 긍정적인 생각은 부정적인 것을 끌어당긴다.

또 '선하지 못함'을 추구하면 '더 선하지 못함'을 끌어당기듯, 부정적인 생각은 더 부정적인 것을 끌어당긴다. 그래서 당신은 무엇을 얻으려고 노력할수록 잃어버릴 것을 두려워하고, 성공하려고 애를 쓸수록 실패를 두려워하게 된다.

삶과 죽음도 마찬가지다. 당신이 건강하게 살려고 노력할수록 죽음은 점점 더 두려워진다. 죽음이 두려워지면 건강에 대한 염려가 생긴다. 건강하려고 노력하면 질병이 두려워진다. 질병을 두려워하면 건강염려증은 더 심해지고, 결국에는 질병이 더 많이 생긴다.

이처럼 당신이 뭔가를 두려워하면 할수록 더 두렵게 되는데, 우주는 당신이 뭔가를 두려워하면 그 무엇도 내어주지를 않는다. 정말 그럴까?

당신이 가장 두려워하는 일이 실현된 경우가 있었는지를 생각해보라. 물론 당신은 두려워하는 일이 실현된 게 아니라, 불길한 예감이 맞아떨어진 것이라고 반박할 수 있다.

하지만 그것은 당신이 '비밀'을 모르기 때문이다. 당신이 뿌린 생각은 반드시 현실로 나타난다는 사실을 명심하라. 결국, 당신의 멘탈이 상호의존성의 법칙에 따라 원하는 것을 얻으려고 노력할수록, 부메랑처럼 정반대의 것을 계속해서 끌어당기게 된다. 이것이 허깨비 같은 당신의 삶이다.

선택, 자극과 반응 사이

자극과 반응 사이에는 공간이 있다.
이 공간 안에는 우리가 선택할 수 있는 힘이 있다.
그 선택이 우리의 성장과 자유에 직접 관련되어 있다.

– 빅터 플랭크 *Viktor Frankl*

인류가 진화해온 동안 생존이나 생식 문제를 해결하는 일련의 과정은 보편적인 마음의 틀[11]을 만들었다. 그런 마음의 틀이 '비밀'의 문이고, 문을 여는 열쇠의 모양은 세 가지 법칙들이 만들어 낸다.

이제 당신은 '비밀'의 문을 열 준비가 되어 있는가? 이 책은 당신을 '비밀'의 문 앞까지는 안내할 수 있어도, 문을 열 수 있는 사람은 오직 당신뿐이라는 사실을 명심하라.

---

11 '마음의 틀'은 인간의 손이 물건을 잡기 위해 특수한 방식으로 진화한 것처럼, 마음도 방대한 시간에 걸쳐서 필연적으로 현실을 지각하고 선택하여 반응하는 기본적인 방식으로 진화한 것이다. 그렇게 진화한 사람이라면 누구나 한 개의 심장, 두 개의 신장, 열 개의 손가락과 발가락, 팔다리 등이 있는 것과 마찬가지로, 사람의 마음도 근본적으로 동일한 보편적인 틀, 즉 마음의 틀을 지니고 있다. 그래서 모든 인간의 마음의 구조는 동일하다. 이것을 심리학자 융은 '원형原型, archetypes'이라고 했고, 철학자 플라톤은 '형상form'이라고 했다.

의도와 현실은 왜 정반대일까

마음의 틀에서 '자아'는 어떤 자극을 받으면 반응하는 기제를 갖고 있다. 중요한 사실은 자극과 반응 사이에는 빈 공간이 존재한다는 것이다. 이 빈 공간에서 자아는 '만약 ~이라면(if, then)' 절차에 따라 어떤 선택을 한다. 다시 말해 '만약 ~이라면' 절차는 자아가 너/나, 좋음/나쁨, 성공/실패, 부/가난처럼, 상호의존적인 관계에 있는 '이것' 아니면 '저것' 중에 하나를 선택하게 한다.

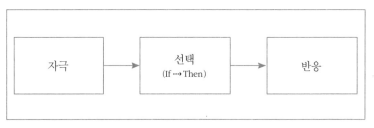

그림 2-2. 마음의 틀

마음에 틀에서 자아는 자극과 반응 사이의 빈 공간에서 선택을 한다. 이때 자아는 논리적이고 합리적이고 시의적절하다고 믿는 기억을 근거로 '이것' 아니면 '저것' 중에서 하나를 선택한다. 한마디로 자아는 좋은 선택이든 나쁜 선택이든, 모든 선택은 당신이 항상 '옳다(좋다)'고 생각하는 것이다. 이것이 정신분석학의 창시자 프로이트Sigmund Freud가 주장한 자아가 쾌락을 추구하고 불쾌를 회피하는 쾌락 원리pleasure principle다.

하지만 실제로 당신이 '옳다(좋다)'는 선택들은 모두 당신의 의도와 정반대의 결과를 나오게 한다. 이게 무슨 헛소리인가 싶을 수도 있다. 하지만 이것이 진실이다. 왜냐하면 '옳음'은 '옳지 않음'과 상호의존적인 관계이므로 옳다고 생각하면 옳지 않은 것을 끌어당기고, 옳지 않은 것은 더 옳지 않은 것을 끌어당기기 때문이다.

이해하기 쉽도록 예를 하나 들어보자.

당신이 애인과 함께 친목 모임에 갔다가 잠시 자리를 비웠다고 생각해보라. 다시 자리로 돌아와 보니 애인이 다른 사람과 다정하게 대화를 나누고 있다. 두 사람은 서로 아주 가까이 앉아 있고, 가벼운 신체 접촉도 일어나고 있다. 이러한 자극은 '질투'라 부르는 반응을 일으키기 충분하다.

자! 그렇다면 당신은 어떤 선택을 할 것인가? 애인을 뺏길 수 있다는 자극은 당신에게 '이것' 아니면 '저것' 중에 하나를 선택을 하게 만든다. 한 가지 선택은 경쟁자를 위협하거나 애인에게 화를 내는 것이다. 다른 선택은 두 사람을 무시하고 무관심한 체하거나 애인과의 관계를 다시 생각해보는 것이다.

여기서 중요한 사실은 당신이 애인을 지키기 위해 어떤 선택을 하든지, 결국에는 애인과의 관계에 좋지 않은 영향을 미친다는 것이다. 왜냐하면 지금의 상황이 무의식으로 남게 되어 나중에는 애인을 의심하거나, 애인이 떠날까 봐 집착하거나, 애인이 싫어지기 때문이다. 이처럼 당신의 자아가 상호의존성의 법칙을 충실하게 따른 선택의 결과는 상반된 두 세계를 서로 끌어당기게 한다. 그러면 당신은 애인을 지키려는 의도와는 정반대로 애인과 헤어지게 되는 것이다.

의지는 정반대의 결과를 낳는다

자! 왜 그런지 좀 더 자세히 알아보자.

사람들은 흔히 어떤 일을 이루고자 할 때 '의지'가 있어야 한다고 말한다. 표준국어대사전에서는 '의지'를 '어떤 일을 이루고자 하는 마음'이라 하고, 심리학에서는 '선택이나 행위의 결정에 대한 내적이고 개인적인 역량'이라고 설명한다. 하지만 현실에 나타나는 결과만을 보면, 의지에 대한 사전적 풀이와 학술적 설명은 크게 잘못되었다. 왜냐하면 어떤 일을 의지대로 하면 정반대의 결과가 나오기 때문이다. 그럼에도 대부분의 사람들은 고정관념에 사로잡혀 자신의 의지로 일을 해냈다며 '그럴 리가 없다!'라고 비웃을 것이다. 그러나 의지로 해낸 일은 언젠가는 정반대의 결과를 얻게 된다. 이것은 분명한 진실이다. 왜 그럴까?

의지가 강하면 정반대의 결과를 얻는다.

-에밀 쿠에Emil Coue

자아가 '이것' 아니면 '저것'을 선택하게 되면, 두 세계 사이에서 생각이 일어난다. 생각이 일어나면 의지가 생겨나고, 생각은 감정을 불러일으킨다. 이것을 노자는 "도는 하나를 낳고, 하나는 둘을 낳으며, 둘은 셋을 낳고, 셋은 만물을 낳는다道生一 一生二 二生三 三生萬物."라고 말했다. 다시 말해 당신의 마음도 노자의 말처럼 하나에서 생각을 낳으며, 생각은 의지와 감정을 낳는다.

의지와 감정은 둘 중의 하나다. 의지는 '~하려는 의지' 아니면 '~하지 않으려는 의지'이고, 감정은 '긍정적인 감정' 아니면 '부정적인 감정'이다. 그렇지만 어떤 의지든 어떤 감정이든 상관없이 항상 현실은 수많은 갈등과 경쟁, 투쟁과 분열 등의 결과를 낳는다. 왜냐하면 의지와 감정은 모두 상호의존성에서 비롯되기 때문이다.

이것이 진실인지 아닌지 간단한 실험을 통해 알아보자. 다음은 당신의 무의식에서 실제로 일어나는 자아의 작동기제를 실험 상황으로 만든 것이다.

당신은 양손을 깍지 껴서 부르르 떨리도록 힘을 주어 가능한 꽉 쥐어보라. 당신의 양손은 이미 굳었다. 아주 세게 굳어 깍지가 펴지지 않는다고 반복해서 생각하라. 이제 자신에게 이렇게 말해보라.

"나는 깍지를 펼 거야, 그러나 할 수 없다. 할 수 없다."

자! 어떠한가? 당신의 의지가 무의식에 확실하게 전달되었다면, 당신이 아무리 양손을 떼어 내려고 아무리 애를 써도 손을 뗄 수가 없다. 더욱이 당신이 양손을 떼어 내려고 더 애를 쓰면 쓸수록 깍지는 원래부터 그랬던 것처럼 더 단단히 쥐어진다. 당신은 단지 할 수 없을 거라는 생각만으로 깍지를 펼 수 없게 된다. 바로 생각에는 의지가 들어가 있기 때문이다.

다른 모든 것들도 마찬가지다. 당신이 "나는 부자가 돼야지.", "나는 성공해야지.", "나는 병을 낫게 해야지." 등과 같이 의지를 가지고 생각하고 말하고 행동하면, 무의식에서는 "나는 부자가 되고 싶지만 부자가 되기 어려울 거야.", "나는 성공하고 싶지만 실패하고 말 거야.", "나는 병을 낫게 하고 싶지만 아플 거야."라고 작동하여 당신이 원하는 것과 정반대의 결과로 돌아온다. 그래서 지금까지 당신이 의지로 행복을 추구했던 모든 행위들은, 밑 빠진 항아리에 물 붓기였다.

어떤 선택을 할 것인가

그럼에도 가정이나 학교, 나아가 사회는 당신이 원하는 것을 얻으려면 의지를 키워야 한다고 하나같이 말하고 있다. 그래서 사람들은 의지를 수호천사처럼 여긴다. 하지만 부, 성공, 건강, 인간관계 등을 의지로 얻으려는 것은 결과로 결과를 바꾸려는 일과 같이 백해무익하다. 그 결과는 어떠한가? 멀리 갈 것도 없이 당신이 의지로 어떤 일은 해냈지만, 다른 문제가 일어나지 않았는가? 의지로 해낸 일들은 단지 다른 문제로 대체되었을 뿐이다. 만약 아직 이런 결과가 나오지 않았다면, 곧 현실로 나타날 것이다. 결과로 결과를 바꾸려는 노력은 언제나 당신의 의도와 정반대의 결과를 낳는다는 사실을 명심하라.

그래서 의지는 성배가 아니라 독배다. 이해가 쉽도록 예를 들어 보자.

당신이 부자가 되고 싶다고 생각했다면, 마음은 이미 부자/빈자로 분리되어 '~되고 싶다'라는 의지가 생겨났다. 그리고 의지대로 부자가 되었을 때에는 기뻐하고, 그렇지 않으면 괴로워한다. 하지만 '부자가 되고 싶다.'라는 의지는 욕심을 생기게 하고, 그로 인해 사람들과 경쟁하면서 갈등을 일으키게 된다. 그러면 당신은 부자가 되기는커녕, 가난에서 벗어나기도 힘들어진다. 왜냐하면 당신은 다른 사람의 도움 없이는 무엇도 이룰 수 없기 때문이다.

반대로 '부자가 되고 싶지 않다.'라는 의지도 당신의 욕심이다. 이것 또한, 당신이 옳다(좋다)고 생각한 선택이기 때문이다. 이렇듯 '부자가 되고 싶지 않다.'라는 의지도 의욕을 잃게 해서 삶은 더 빈곤해지고 비참하게 된다. 결국, '~되고 싶다.'와 '~되고 싶지 않다.'라는 의지는 모두 좋지 않은 결과를 낳는다. 이것이 불이 났는데 기름을 부으면 불이 더 커지듯이, 당신이 의지로 행복을 추구할수록 더 불행해지는 이유다.

또한, 지금까지 인류 역사는 한마디로 '선'을 추구하고, '악'은 제거해왔다. 그런데 그런 노력의 결과로써 인류가 더 행복하고, 더 만족스럽고, 더 평화롭게 되었다는 증거는 어디에도 없다. 실제로는 그와 정반대임을 보여주는 증거가 훨씬 더 많다. 대표적인 사례가 자본주의를 강화하고 공산주의는 제거한 일이다. 그로 인해 오늘날 인류는 물질적으로 풍요로워졌을지 모르지만, 정신적으로는 훨씬 더 황폐해졌다. 그렇다면 반대로 공산주의를 강화하고 자본주의를 제거했다면, 어떻게 되었을까? 아마도 더 심하면 심했지 별반 차이가 없었을 것이 분명하다. 왜냐하면 인류의 가난과 질병, 갈등과 폭력 등은 우주가 의도한 것이 아니라, 인간이 의지에 따라 사용한 상호의존성의 결과이기 때문이다. 이처럼 '이것' 아니면 '저것', 즉 두 세계 사이에서 인류의 모든 불행이 나온다. 이것이 당신의 삶이고 우리의 사회다.

　이제 당신은 자극과 반응 사이에서 어떤 선택을 할 것인가? 상호
의존성을 따를 것인가? 아니면 상호침투성을 따를 것인가? 그 선
택에 따른 결과는 온전히 당신의 몫이다.

의식, 무의식의 노예

현재 우리의 모습은
과거에 우리가 했던 생각의 결과다.

– 부처 Buddha

당신은 자극과 반응 사이에 빈 공간이 존재하는지조차 알지 못하고 살아가고 있다. 왜냐하면 자아가 어떤 자극을 받으면, 무의식적으로 선택하고 반응하기 때문이다. 이렇듯 자극은 의식에서 일어나지만, 선택은 무의식에서 일어난다. 그래서 의식은 무의식의 노예라 할 수 있다.

의식은 무의식의 어릿광대다

그럼 의식과 무의식의 비율은 과연 어느 정도나 될까?

마음 안에 의식이 차지하는 부분은 1~3%인데 반해, 무의식은 무려 97~99%나 된다. 당신이 의식할 수 있는 것은 빙산의 일각처럼 지극히 일부분에 불과하지만, 무의식은 당신이 생각할 수 없을 정도로 수면 아래에 광범위하게 퍼져 있다.

의식
(1~3%)

무의식
(97~99%)

현재의 생각

과거의 기억
(성격과 가치관,
신념과 이념,
전통과 신앙 등)

그림 2-3. 의식의 구조

    당신이 살아간다는 말은 자극에 대해 '이것' 아니면 '저것'을 선택하여 반응한다는 것이다. 이러한 선택을 '생각'이라고 부른다. 그런 생각들이 무의식에 쌓이면, 성격과 가치관, 신념과 이념, 전통과 신앙 등이 된다. 이것을 '기억'이라고 부른다. 그런 기억은 상호의존성의 결과이면서 무의식의 씨앗이 되고, 다시 현재의 생각이 그 씨앗에 움을 틔워 뿌리를 키운다. 그러면 생각은 물레방아가 돌듯이 계속해서 기억으로 무의식에 쌓인다. 그래서 무의식은 기억의 보관 장소이면서 생각의 창고다.

과거의 기억은 현재의 생각을 통해 다시 소생되기 때문에, 의식적인 생각은 무의식적인 기억과 함께 작동한다. 그러므로 당신은 과거의 기억을 넘어서는 것을 현실로 나타나게 할 수 없다. 즉, 당신의 현실은 과거의 기억에서 비롯된 것이다. 이처럼 의식은 결과의 세계이지만, 무의식은 원인의 세계다. 그래서 의식은 무의식의 어릿광대일 뿐이다.

자극은 새롭지만 반응은 낡다

생각은 쾌락과 고통에 대한 무수한 기억들을 축적하고 있으며, 이 기억들로부터 생각은 다시 생겨난다. 그러므로 생각은 과거이며 언제나 낡은 것이다.

−지두 크리슈나무르티

당신은 언제나 새로운 자극을 과거의 기억으로 선택하기 때문에 반응은 항상 낡다. 이해하기 쉽도록 예를 들어보자.

당신이 어제 누군가에게 모욕을 당했다면, 기억에 남아 선택의 조건이 된다. 당신이 오늘 다시 만난 그 사람은 분명히 어제의 그 사람과는 전혀 다른 사람이다. 하지만 당신은 어제 당했던 모욕의 기억을 가지고, 오늘 만난 그 사람을 좋지 않은 감정으로 반응하게 된다.

이처럼 당신은 자극에 대해 합리적으로 선택하며 살아가는 것 같지만, 사실은 과거의 기억으로 선택하기 때문에 비합리적으로 살아간다. 그래서 인간은 비합리적인 동물이다. 얼핏 보면 과거는 이미 죽었고 변화시킬 수 없는 듯 보이지만, 기억이라는 생명을 가지고 여전히 살아 현재와 미래에 영향을 미친다. 그래서 당신은 살아 있으나 과거에 갇혀 사는 시체와 다를 바 없는 좀비처럼 현재를 살아가고 있다.

이렇듯 당신의 현재는 과거의 결과이고, 미래는 과거가 투영된 결과다. 즉, 현재라는 거울에 비친 과거가 바로 당신의 미래다. 당신의 미래가 궁금하다면, 당신의 과거를 보면 된다. 결국, 뿌리는 대로 거두는 운명의 수레바퀴에서, 현재를 지배하는 사람이 과거를 지배하고, 과거를 지배하는 사람이 미래를 지배하게 되는 것이다.

이렇듯 과거가 당신의 발목을 잡고 있다. 예를 들어보자.

사람들은 누구나 부자가 되고 싶어 한다. 하지만 사람들은 대개 돈에 대해, 부에 대해, 부자에 대해 "돈은 모든 문제의 근원이다. 돈이 행복의 전부가 아니다. 미래를 위해 돈을 저축해야 한다. 부자는 범죄자고 탐욕스럽다. 부자는 노동자를 착취해서 부를 축적한다. 부자는 점점 부자가 되고, 가난뱅이는 점점 더 가난해진다. 부자가 되는 사람은 따로 있다."라는 말들을 듣고, 보고, 경험하고 자랐다. 그래서 사람들은 돈, 부, 부자에 대한 거부감이 무의식에 남아 있게 된다.

이런 무의식이 부자가 되는 것을 가로막는다. 게다가 돈에 대해 불평을 하거나 부자에 대해 비난하면, 불평할 일과 비난받을 일이 더 많이 생겨난다. 그 결과 부자가 되기 위해 열심히 노력했지만, 결과는 비참한 것이다. 이렇듯 당신이 부자가 되지 못하는 이유는 멘탈의 문제이지 외부의 문제가 아니다.

명심하라.

과거의 기억을 기반한 생각이 감정을 낳고, 감정은 행동을 낳는다. 그리고 행동은 결과를 만든다. 그래서 당신은 과거의 기억으로 선택하기에, 자극은 늘 새롭지만 반응은 항상 낡다. 그렇기 때문에 당신에게 과거의 기억을 넘어서는 현재의 모습은 있을 수 없다. 현재의 모습은 마음의 법칙들에 따라 당신이 뿌린 과거의 기억이 현실로 정확하게 되돌려준 결과일 뿐이다. 그래서 현재의 상황이 좋지 않은 사람들은 점점 더 어려워지고, 반대로 성공하는 사람은 더욱더 성공하게 되는 것이다. 이것이 자연의 법칙이자 뿌리는 대로 거두는 '비밀'이다.

의식은 백전백패다

자기가 한 일을 자신은 잊고 있어도, 그 결과는 반드시 자기에게 되돌아오기 마련이다.

−탈무드Talmud

당신이 의지를 가지고 했던 모든 일들은 두 개의 세계로 분리해서 하나를 선택한 결과다. 선/악, 좋음/나쁨, 옳음/그름, 성공/실패, 부자/가난 등등.

하지만 무의식은 한쪽 세계만 남는 것이 아니라, 좋은 것이든 나쁜 것이든 차별하지 않고 두 세계 모두 남아서 고무줄의 양쪽 끝처럼 서로를 끌어당긴다.

당신이 의지로 했던 긍정적인 일은 부정적인 것을 끌어당기고, 부정적인 일은 더 부정적인 것을 끌어당긴다. 그러면 우주는 당신의 무의식을 기반으로 선택한 생각을 아래와 같이 현실로 나타나게 한다.

"성공하고 싶어." (긍정적인 생각)

▶ 성공하고 싶지만 실패하고 말 거야. (무의식→현실)

"건강해야 돼." (긍정적인 생각)

▶ 건강해졌으면 좋겠지만 병에 걸릴 거야." (무의식→현실)

"돈을 벌고 싶어." (긍정적인 생각)

▶ 돈을 벌었으면 좋겠지만 돈을 벌기 힘들 거야. (무의식→현실)

"가난이 싫어." (부정적인 생각)

▶ 가난에서 벗어나고 싶지만 부자가 될 수 없을 거야. (무의식→현실)

"일이 많아 힘들어." (부정적인 생각)

▶ 쉬고 싶지만 일이 많았으면 좋겠어. (무의식→현실)

의식은 무의식의 지배를 받는 노예이기에 무의식과 싸우면 의식은 백전백패다. 그래서 무의식은 의식을 마치 꼭두각시 인형처럼 조종하고 있다. 이것이 당신이 의지로 습관을 고치려는 노력이 '작심삼일'로 끝나는 이유다. 원인을 바꿔야 결과가 바뀌듯, 무의식(기억)을 바꿔야 습관을 바꿀 수 있다.

하지만 당신은 선전포고라도 하듯이, 의지로 습관을 바꾼 경험이 있다며 인정하지 않을 것이다. 그렇지만 결과로 결과를 바꿀 수 없듯이, 무의식을 바꾸지 않는 습관은 다른 습관으로 대체되었을 뿐이지 습관을 없앨 수는 없다.

가령, 담배를 피우는 사람이 의지로 금연에 성공했다고 생각해보자. 하지만 그 사람의 무의식에는 담배를 피울 때의 생각과 느낌이 그대로 남아 있다. 그러면 담배를 피우면 안 된다는 의식과 담배를 피우고 싶다는 무의식이 갈등을 일으킨다. 결국, 자아는 갈등을 해결하기 위해 담배를 다시 피우거나 새로운 습관을 만든다. 그래서 금연에 성공한 사람들 중에는 군것질을 하거나, 술을 마시는 습관이 생긴 경우가 많다. 이것이 무의식을 바꾸지 않고 문제를 해결하면 다른 문제들이 생기는 풍선 효과^{balloon effect}가 나타나는 이유다.

그런데도 당신이 의지로 무의식을 지배하려고 애를 쓰면 더 큰 문제가 발생한다. 예를 들어 물은 흐르는 것이 본질이다. 그런데 산과 산 사이를 막아 댐을 세워 흐르는 물을 가두면 댐 위로 물이 넘치거나 무너지든지, 아니면 가장 약한 부분으로 물이 넘치거나 무너진다. 이것이 당신이 의지로 어떤 일을 해내도 다른 문제가 계속해서 일어나는 이유다.

그렇지 않고 댐의 높이를 계속해서 올리면 물은 더 차듯이, 의지로 참으면 감정이 억눌린다. 감정도 내보내는 것이 본질인데 억눌리면 병의 원인이 된다. 이것이 무의식은 하기 싫은데 자신의 상황이나 환경으로 인해 오랫동안 의지로 했던 일들이 쌓이면 천추의 한恨으로 남는 이유다.

당신이 의지로 무의식을 지배하려는 모든 노력들은 이와 같이 항상 불행한 결말을 맺는다. 결국, 당신이 무의식(기억)을 바꾸지 않고는 눈곱만큼도 현실을 바꿀 수 없다. 그래서 당신이 현재의 모습에 대해 부모를 탓하거나, 남을 탓하거나, 환경을 탓하는 것은 가장 어리석은 행동이다.

명심하라.

현재의 모습을 바꾸고 싶다면 멘탈을 리셋해야 한다. 생각을 바꾸고, 기억의 구속에서만 풀려난다면, 원하는 것이 무엇이든 얻을 수 있다. 이것이 바로 당신이 원하는 것을 얻는 '비밀'이다. 돈이든 건강이든 행복이든 깨달음이든 그게 얼마나 대단하든 상관이 없다. 원인만 바꾸면 모든 상황과 환경을 완벽하게 바꿀 수 있다. 왜냐하면 눈에 보이는 현실은 눈에 보이지 않는 마음을 비추는 거울이라는 것이 불멸의 진리이기 때문이다. 다른 모든 자연의 법칙과 마찬가지로 마음의 법칙들 역시 언제나 예외 없이 일관되고 완벽하다. 단 한 번도 어긋남이 없이 정확하다. 그래서 당신이 멘탈을 리셋하기만 하면, 원하는 것이 현실로 나타나는 것을 그 어떤 것도 막을 수는 없다.

자아, 나라는 환상

당신은 왜 불행한가요?
왜냐하면 당신 생각과 행동의 99.9%가 당신의 자아를 위한 것이니까.
그러나 그런 '자아'는 존재하지 않는다오."

웨이 우 웨이 爲無爲, Wei Wu Wei

당신은 자아의 특성을 이해해야 멘탈을 리셋할 수 있다. 상대를 알고 나를 알면 백 번 싸워도 백 번 모두 이기듯이, 자아를 알고 나를 알아야 멘탈을 리셋할 수 있기 때문이다. 그래서 당신이 자아의 특성을 아는 것은 무엇보다도 중요하다.

그렇다면 자아란 무엇인가? 앞서 말했듯이 당신의 멘탈이 상호 의존성의 법칙을 충실하게 따르도록 하는 자가 바로 '자아'다.

당신의 삶에서 일어나는 모든 분리는 자아가 경계선을 긋는 순간 동시에 생겨난다. 그러면 당신의 마음은 '시간'이라는 씨줄과 '공간'이라는 날줄로 촘촘히 짠 직물과 같이 수많은 경계선이 있게 된다. 이제 당신의 정체성은 전적으로 자아가 마음에 경계선을 어디에 긋느냐에 달려 있다.

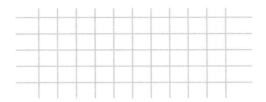

그림 2-4. 마음의 형태

당신이 긋는 첫 번째 경계선은 잠에서 눈을 뜨면 나라고 인식할수 있는 '의식경계선'이다. 인간의 위대함은 태초의 본능적 인간에서 벗어나 자신이 존재한다는 사실을 인식할 수 있다는 것이다. 우주의 근본 바탕인 순수 의식the Ground(근본바탕, 기저)[12]에 의식경계선이 직선으로 마음의 틀(자아 의식)을 만들면, 그 안에서 '자아'가드러난다.

이렇게 당신의 마음에서 자아가 드러나면, 태양이 지구에 빛을비추는 순간 낮과 밤이 동시에 생긴 것처럼, 자아는 '주체'/'객체'

---

12 순수 의식은 영원의 철학의 핵심이다. 영원의 철학은 수세기 동안 서양 사상의 중심적 위치를 잡고 있는 '존재의 대사슬Great Chane of Being'이라는 믿음에 있다. 존재의 대사슬 개념은 플라톤과 아리스토텔레스로부터 파생되었으며, 신플라톤주의의 시조로 알려진 플로티누스Plotinus에 의해 체계화되었다. 이것의 핵심은 인간의 가장 깊은 내부의 '순수 의식'은 우주의 궁극적인 실재와 동일한 것이라는 점이다. 여기서 말하는 '순수'는 '경험과 섞이지 않은' 것을 의미하며, 마찬가지로 '순수 의식[상호침투성]'이라는 것은 아직 세계에 대한 사유 활동을 시작하기 이전의 의식을 의미하며 경험을 통해 획득하는 의식이 아니다. 인도의 위대한 스승인 라마나 마하리쉬에 따르면 "순수 의식은 부분으로 나누어질 수 없다. 그것은 형태도 없고, 모양도 없으며, 안도 없고 밖도 없다. 오른쪽도 없고 왼쪽도 없다. 순수 의식, 또는 가슴 속에는 모든 것이 포함되어 있다. 여기에서 떨어져 있는 것은 아무것도 없다."라고 했다. 순수 의식은 육체에 속한 관념에는 존재하지 않는다. 단지 어디에서나 언제나 그냥 존재할 뿐이다. 유대교에서는 네샤마neshamah로, 기독교에서는 성령이나 성스러운 불꽃으로, 힌두교에서는 아트만으로, 불교에서는 불성으로, 도교에서는 도道라 부른다.

사이에 경계 긋고 두 개의 세계로 분리한다. 다시 말하면 당신은 '이것'/'저것'이 상호의존하고 있는 이원적인 세상에 살고 있듯이, 당신의 마음도 '주체'/'객체'가 상호의존하고 있다는 것이다. 왜냐 하면 하나님의 형상대로 창조한 인간의 마음도 자연의 원리와 같 기 때문이다.

그렇다면 마음은 어떻게 '주체'/'객체'가 상호의존하고 있는 것 일까? 그림 2-5를 보면 자아는 '주체'를 '나'라고 느끼기 때문에 동 일시하며, 하나의 경계선으로 둘러쌓아 '검은색 원반'을 만든다. 이 렇게 자아가 '주체'를 경계선으로 둘러쌓아 동일시하는 순간부터, '주체'는 곧 자아가 되어 자기중심적인 사고를 하게 된다. 그래서 당신의 생각이나 말에는 '나는 이렇게 생각한다.', '나는 무엇을 하 려고 한다.'라는 식으로 항상 '나'가 따라붙는 것이다. 동시에 자아 는 '흰색 배경'은 '나 아님'이라고 느끼기 때문에 당연하게 '객체'를 억압하게 된다. 이것을 '자아의 작동기제'라고 부른다.

자아가 나라고 느끼는 '주체'와 나 아님으로 느끼는 '객체'로 분 리하면 두 개의 적대적인 영토, 즉 전투가 가능한 잠재적인 전선이 만들어진다. 그리고 이 전선에서 모든 갈등과 투쟁이 일어난다.

하지만 태양의 입장에서는 낮과 밤이 없듯이, 나라고 느끼는 '주 체'와 나 아님으로 느끼는 '객체' 또한, 100%인 하나의 나다. 하지 만 낮/밤으로 분리된 지구의 입장에서 '주체'는 주격인 '나I'이고, '객체'는 목적격인 '나me'라고 할 수 있다. 이렇게 '주체I'/'객체me' 가 분리되어 '주체I(자아)'가 '객체me'를 억압하면, 반대로 '주체I'는

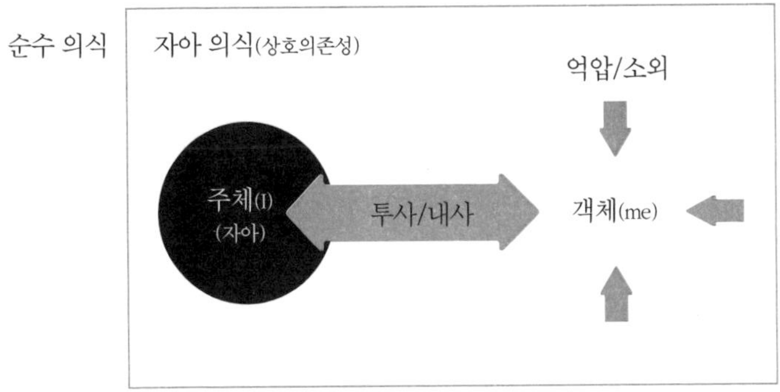

그림 2-5. 자아의 작동기제

'객체me'로부터 억압을 당하게 된다.

예를 들어 당신이 어떤 사람을 미워하면, 당신도 똑같이 그 사람으로부터 미움을 당하는 것이다. 그래서 '주체I'/'객체me'는 주는 것이 곧 받는 것이고, 받는 것이 곧 주는 상호의존적인 관계가 된다.

프로이트는 자아가 위협받는 상황에서 무의식적으로 자신을 속이거나, 상황을 다르게 해석하여 감정적 상처로부터 자신을 보호하는 심리 의식이나 행위를 자아의 방어기제defense mechanism라고 말했다. 하지만 그는 자아의 방어기제가 '주체I'/'객체me'의 상호의존적인 관계에서 발생하는 자아의 작동기제라는 사실을 알지 못했다. 그래서 심리학은 인간의 마음에 대해 간단한 현상 설명에만 그치지 근본 핵심을 건드리지는 못하고 있다. 이처럼 원인도 제대로 알지 못하는데, 어떻게 치료를 제대로 할 수 있겠는가. 환자가 환자를 치료할 수 없듯이, 자아가 자아를 완전하게 치료할 수 없다.

그래서 치료는 늘 오리무중이다. 이것이 오늘날 심리학의 한계다.

실제로 자아의 방어기제는 자아가 나/너, 옳음/그름, 좋음/나쁨, 선/악, 삶/죽음, 시간/공간, 성공/실패 등과 같이 수많은 두 세계 중에서 '나'라고 느끼는 '주체I'를 동일시하고, '나 아님'으로 느끼는 '객체me'를 억압하며 서로가 투사와 내사, 합리화와 왜곡, 소외 등을 일으키는 것이다.[13]

자아의 성장과 위계

주체와 객체 사이에 인류의 모든 불행이 놓여 있다.

–지두 크리슈나무르티Jiddu Krishnamurti

인간이 잉태되어 어머니의 탯줄을 끊고 태어나면 신체가 아이에서 청소년, 청년, 성인, 노인으로 성장하듯, 의식도 전의식에서 의식을 거쳐 초의식에 이르는 '의식의 사다리'를 따라 성장한다. 또한, 의식의 사다리를 오르는 자아도 헤겔의 변증법[14]에 따라 통합

---

13 '주체I'는 '객체me'와 다시 하나가 되려고 '주체'는 자신의 모습을 '객체'에 투사projection하지만, 오히려 '객체'로 모든 문제의 원인을 돌리며 자신을 합리화rationalization하거나 사실을 왜곡distortion하며 그것을 내사introjection한다. 여전히 '주체'는 '나 아님'으로 느끼는 '객체'를 이질적이고 적대적으로 느끼기 때문이다. 그로 인해 '주체'는 '객체'와 단일적인 특성을 부정하게 된다. '주체'는 '객체'와 하나였다는 진실을 받아들이는 것이 너무 고통스럽기 때문이다. '주체'는 그 진실을 감추기 위해 '객체'를 더 탄압하고 공격한다. 결국, '주체(자아)'는 받아들이기 힘든 진실을 벗어나기 위해 정반대 방향으로 세계 나가는 반동형성reaction formation을 하게 된다.

14 변증법이란 '정正', '반反', '합合'의 3단계를 거쳐서 전개되는데, 쉽게 말해 세상에 정상적인 '정'이 있으면 필연적으로 대립되는 '반'이 발생한다는 것이다. 그런데 '정'과 '반'은 서로 모순되므로 공존하지 못하

과 분화를 거치면서, 육체자아Body-ego에서 마음자아Mind-ego를 거쳐 정신자아Mental-ego로 성장해간다. 여기서 육체자아는 '육체(본능)'을 동일시하여 '육체가 곧 나'라고 생각하고, 마음자아는 '마음(생각)'을 동일시하여 '마음이 곧 나'라고 생각하고, 정신자아는 '나의 것(신념, 이념, 가치관, 신앙, 전통 등)'을 동일시하여 '나의 소유물이 곧 나'라고 생각한다.

자아가 성장하기 위해 육체자아에서 마음자아를 거쳐 정신자아로 분화가 일어날 때마다, 순수 의식 상태에서 '자기Self'15라고 느끼는 '자기감sense of Self'은 점점 줄어든다. 그러면 본래의 정체성인 순수 의식(상호침투성)과의 연결이 점차 끊어지면서 분리된 정체성인 자아 의식(상호의존성)이 확립되어 간다. 다시 말하면 인간은 본래 '자기Self'로 태어났지만 '자아ego'로 정체성을 바꾸면, 자아의 경향성-확장성-지향성이 생겨나서 상호의존성은 점점 더 강해진다. 그럴수록 갈등과 대립, 투쟁이나 폭력 등이 심해져 삶은 고통과 괴로움으로 얼룩지게 된다. 인류의 시작도 이와 유사하다.

자! 의식의 사다리를 오르는 자아에 대해 자세히 알아보자.

고 갈등과 투쟁이 일어나게 된다. 투쟁의 과정을 통해서 두 개의 가치를 모두 극복하는 통합된 '합'이 새롭게 등장한다. 하지만 '합'은 결국에 정상적인 '정'이 되면서 필연적으로 모순 관계의 대립되는 '반'을 만들어 내게 된다. 그래서 세상은 끊임없이 '정', '반', '합'의 관계를 반복하면서 발전해나가는 것이다. 헤겔은 정, 반, 합이라는 변증법적 과정을 통해 정신이 분화해나간다고 생각했다. 그는 변증법의 적용을 단지 개인의 정신에 한정하지 않았다. 인류의 역사와 문화 그리고 더 나아가서 물질적인 우주 역시 변증법의 원리에 따라 분화해간다고 믿었다.

15 심리학자 융Carl Jung은 여러 문화권의 신화와 민담, 전설이나 민화에서 공통된 상징을 가지는 것은 집단 무의식 때문이고, 마음의 원동력이 되는 집단 무의식의 구조물을 '자기Self'라고 명확히 했다. 그래서 그는 "인생은 집단 무의식의 자기실현self-actualization의 역사다."라고 말했다.

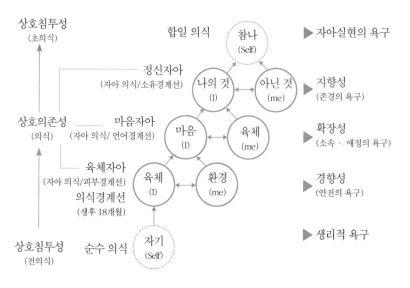

그림 2-6. 의식의 사다리(자아의 성장 및 특성)

갓난아이는 어떠한 분리도 없는 상호침투성(순수 의식)인 '자기' 상태다. 경계가 없어 점선으로 표시된 이 시기에 아기는 본능에만 의존하며 자기 자신을 의식적으로 인식하지 못한다. 그러다가 18개월 정도가 되면 의식경계선에 의해 자신의 얼굴과 신체를 인식하는 자아 의식이 생기면, '자기'는 '육체자아'로 정체성을 바꾼다.

여기서 심리학자 매슬로우Abraham Maslow가 말하는 인간 욕구 5단계 중 1단계인 생존에 필요한 먹고, 자고, 종족 번식 등 본능적인 신체적 기능에 대한 '생리적 욕구'가 생긴다. 하지만 그도 인간의 욕구가 '주체I'/'객체me'의 상호의존적인 관계에서 발생하여 자아의 성장에 따라 발전한다는 사실을 알지 못했다. 또 신체가 아이에서 노인으로 성장해도 몸은 여전히 하나이듯, 욕구도 모든 단계를 포함하는 하나라는 사실도 알지 못했다. 그 결과 그는 하위 욕구가 충족되어야만 상위 단계의 욕구가 나타난다는 오류를 범하고 말았다.

이론이야 어찌 되었든 아이가 욕구를 해결하기 위해 자신의 존재를 인식할 수 있다는 것이 인간의 첫 번째 위대한 발견이다. 그날부터 아기는 한 개별적인 자아가 되었고, 위대한 진화의 발걸음을 혼자의 힘으로 떼어야만 한다.

육체자아는 피부경계선을 따라 피부 안쪽에 '나'라고 느끼는 '육체I'와 피부 바깥쪽에 '나 아님'이라고 느끼는 '환경me'으로 분리시킨다. 육체자아는 '나'라고 느끼는 주체인 '육체I'를 동일시하고, '나 아님'으로 느끼는 객체인 '환경me'을 억압하게 된다. 그러면 육체자아는 신체적, 감정적, 경제적 위험으로부터 보호받으려는 '안전의 욕구'가 생긴다. 그래서 육체는 환경에 비해 너무나 무력한 존재라서, 자연에서 생존하기 위해 육체자아는 내 뜻대로, 내가 원하는 대로, 내가 하고 싶은 대로 환경을 바꾸려는 '경향성'이 생겨난다.

하지만 '육체I'/'환경me'은 너무나 다른 대립적 존재이므로, 서로의 갈등이 심해지고 투쟁은 극심하게 된다. 예를 들면 인간이 자연을 무분별하게 개발하면, 자연은 천재지변으로 재앙을 내린다. 그래서 인류는 자연의 개발과 하늘의 재앙이 계속해서 반복되고 있는 것이다.

아이가 청소년으로 성장하며 언어를 배우게 되면서, '육체I'와 대립되는 '환경me'의 균형을 맞추려는 투쟁의 과정을 통해서 두 개의 가치를 모두 극복하는 통합된 새로운 주체인 '마음'이라는 개념을 만들어 낸다.

'마음'은 육체가 따로 존재하므로 육체는 아니지만, 그렇다고 환경이라고 할 수도 없다. 이렇게 피부경계선에 의해 분리된 "육체I'/'환경me'을 통합하는 '마음I'이라는 새로운 주체가 만들어지면서, '육체자아'는 '마음자아'로 분화하게 된다.

마음자아는 마음에 언어경계선을 그어 '나'라고 느끼는 주체인 '마음I'을 동일시하고, '나 아님'으로 느끼는 객체인 '육체me'를 억압하게 된다. 마음자아는 처음으로 '마음I'을 통해 자신의 '육체me'를 객관적 대상으로 보기 시작한다. 이제부터 마음자아는 무력하고 유한한 육체를 노예처럼 통제하고 억압해야 하는 대상으로 전락시킨다. 그러면 마음자아는 육체가 아닌 누군가를 사랑하고, 어느 한 곳에 소속되고, 친구들과 교제하고, 가족을 이루고 싶은 '소속과 애정의 욕구'가 생긴다. 그래서 마음자아는 육체의 한계를 뛰어넘기 위해 무엇이 되려고, 무엇을 소유하려고, 무엇을 이루려고 하는 '확장성'이 생겨난다.

이 단계에서는 인간의 본질적 근원인 순수 의식(상호침투성)과 더욱 멀어지면서, 자기와의 접촉은 거의 소멸되고 본래의 정체성을 더욱 망각하게 된다. 이때부터 자아 의식은 본래의 순수 의식을 아주 작은 일부분만을 반영하게 된다.

114

이렇듯 마음자아가 언어경계선을 긋고 '마음^{I}'/'육체^{me}'로 분리하는데, 이 둘은 너무나 다른 대립적인 존재이므로 서로의 갈등이 심해지고 투쟁은 극심해진다.

청소년이 청년으로 성장하며 사회적 가치를 받아들이면서, '마음^{I}'과 대립되는 '육체^{me}'의 균형을 맞추려는 투쟁의 과정을 통해서 두 개의 가치를 모두 극복하는 통합된 새로운 주체인 '나의 것^{I}'이라는 소유물을 만들어 낸다.

'나의 것'은 마음이 따로 존재하므로 마음은 아니지만, 그렇다고 육체라고 할 수도 없다. 이렇게 언어경계선에 의해 분리된 '마음^{I}'/'육체^{me}'를 통합하는 '나의 것^{I}'이라는 새로운 주체가 만들어지면서, '마음자아'는 '정신자아'로 분화하게 된다.

정신자아는 마음에 소유경계선을 그어 '나'라고 느끼는 주체인 '나의 것^{I}'을 동일시하고, '나 아님'을 느끼는 객체인 '나의 것이 아닌 것^{me}'(이하 아닌 것)을 억압하게 된다. 여기서 말하는 '나의 것^{I}'은 소유물이라고 생각하는 모든 것을 말한다. 이를테면 소유물이란 재산이나 지위, 명예나 지식, 경험이나 경력, 가족이나 국가와 민족, 나아가 신념이나 이념, 전통이나 신앙 등을 의미한다.

반면에 '아닌 것'은 소유물과 반대되는 모든 것을 말한다. 그러면 정신자아는 누군가로부터 높임을 받고 싶고, 주목과 인정을 받으려 하는 '존경의 욕구'가 생긴다. 그래서 정신자아는 존경의 욕구를 해결하기 위해 '나의 것^{I}'이라고 생각하는 대상에 계속해서 주의와 집중을 하는 '지향성'이 생겨난다.

그 결과 인간은 생리적 욕구와 안전의 욕구를 해결하려는 육체자아의 경향성은 '습관과 관습'을 만들고, 소속과 애정의 욕구를 해결하려는 마음자아의 확장성은 '욕망과 욕심'을 낳고, 존경의 욕구를 해결하려는 정신자아의 지향성은 '집착과 의존'을 생기게 하면서 삶이 온갖 고통과 괴로움으로 얼룩지게 된다. 나아가 이러한 마음이 투영된 세상은 대립과 갈등, 경쟁과 분열, 투쟁과 폭력 등이 일어나게 된다.

이처럼 하나의 세계가 두 개의 세계로 분리되면, 반드시 갈등이 생기고 투쟁이 일어난다. 그 투쟁은 필연적으로 폭력과 전쟁을 부른다. 그래서 정신자아는 모든 문제를 해결하기 위해 자기의 잠재력을 끌어내어 두 개의 세계를 합일하려는 '자아실현의 욕구'가 생겨난다.

자! 지금까지 진화의 산물인 의식의 발달단계마다 나타나는 자아를 변증법적 발전으로 설명했다. 하지만 의식의 발달단계마다 각각의 자아가 따로 있는 것이 아니라 신체가 아이에서 노인으로 성장해도 몸은 여전히 하나이듯, 자아도 각각의 자아를 포함하는 하나(육체자아+마음자아+정신자아)다.

그렇다면 자아의 위계 구조[16]는 어떻게 되었을까?

---

16 자아의 위계는 초월하며 포함하는 관계다. 이것은 통합사상가 켄 윌버의 핵심 사상인 '온우주론 Kosmology'이다. 그는 온우주란 각각 단순한 하나의 전체whole도 아니고 하나의 부분part도 아니며 다만 그 자체가 전체이면서 동시에 다른 전체의 부분이라는 것이다. 이를테면 분자는 원자를 초월하며 포함하고, 세포는 분자를 초월하며 포함하고, 유기체는 세포를 초월하며 포함한다. 그래서 유기체는 세포, 분자, 원자를 포함한 하나다. 결론적으로 위계에 있어서 상위는 하위를 초월하는 동시에 상위는 하위를 포함하게 된다. 반면에 하위는 상위 속에 있지만 상위는 하위 속에 있지 않다. 이처럼 세상의 다른 모든 위계들도 마찬가지다.

'자기'가 '자아'로 정체성을 바꾸면, 자아는 각각의 경계선에 따라 육체자아, 마음자아, 정신자아로 나눌 수 있다. 육체자아는 자기를 초월하며 포함하고, 마음자아는 육체자아를 초월하며 포함하고, 정신자아는 마음자아를 초월하며 포함한다.

결론적으로 자아의 위계에 있어서 상위 자아는 하위 자아를 초월하는 동시에, 상위 자아는 하위 자아를 포함한다. 반면에 상위 자아 속에 하위 자아는 있지만, 하위 자아 속에 상위 자아는 들어 있지 않다.

결국, 우리는 최종 상위 자아인 정신자아를 '자아'라고 부르고 있다.

이처럼 욕구나 인지 발달, 가치관이나 정체성 발달, 도덕성 발달 등 세상의 모든 위계는 상위는 하위를 초월하며 포함하고, 상위는 하위의 일부라는 사실을 명심하라.

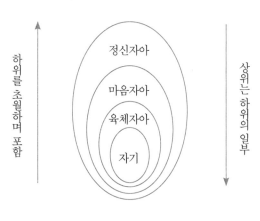

그림 2-7. 자아의 위계 구조

자아는 자신을 인식하지 못한다

당신이 무엇을 말하든 그것은 그것이 아니다.

－일반의미론의 창시자 코지프스키|Korzybski

자아는 상호의존성에 따라 자신이 생존하는 데 필요했거나, 유용했던 기억의 덩어리다. 이런 기억의 덩어리는 자신의 성격과 가치관, 지식과 경험, 신념과 이념, 전통과 신앙 등으로 구성되어 있다. 따라서 자극을 해결하려는 과거의 기억을 기반한 자아의 모든 활동들, 즉 당신의 생각과 사고, 의지와 감정, 행동은 모두 하나의 세계를 두 개의 세계로 분리하는 활동이다. 그래서 인류의 모든 문제를 만들어 내는 원흉이 바로 '자아'다. 나아가 자아로 인해 분리된 마음이 외부 세계에 그대로 투영되기 때문에, 세상은 갈등과 분열, 폭력과 전쟁이 발생하는 것이다.

그래서 자아는 인류의 문제들을 결코 해결할 수 없다. 왜냐하면 자아는 태생적으로 하나의 세계를 두 개의 세계로 분리할 뿐이지, 다시 하나의 세계로 결코 합일할 수는 없기 때문이다. 다시 말해 자아는 지구의 입장으로만 살 수 있지, 지구 밖 태양의 입장으로는 살 수 없는 존재다.

게다가 '나라고 생각'하는 자아는 실제로 존재하지 않는 환상이다. 이것이 도대체 무슨 뚱딴지같은 소리일까?

우리는 무엇이든지 인식하지 못하면 환상이라고 부른다. 그런데 자아는 자기 자신을 인식하지 못한다. 단지 기억의 덩어리일 뿐이다.

정말 그런지 실험을 하나 해보자.

지금 이 책을 읽는 자는 누구인가? 우리는 책을 읽는 자를 나라고 생각하는 '자아'라고 부른다. 그럼 책을 읽는 자아가 누구인지를 인식해보라. 어떠한가? 당신은 나라고 생각하는 자아를 인식할 수 있는가? 당신은 아무리 책을 읽고 있는 자아를 인식하려고 해도 인식할 수 없다. 눈은 눈 자체를 보지 못하듯, 당신이 인식하는 자아는 자기 자신을 인식하지 못한다. 이것을 이해하기 쉽게 극단적으로 설명하면, 당신은 이 책을 인식할 수 있어도 책은 책 자체를 인식할 수 없는 것과 같다. 자아도 마찬가지다.

당신은 자아를 인식할 수 있어도 자아는 자기 자신을 인식할 수 없다. 한마디로 말하면 인식된 것은 인식할 수가 없다. 그래서 당신은 자아가 누구인지 알 수가 없다.

당신이 지금 나라고 생각하는 자아는 자기 자신을 인식하지 못한다. 과거가 과거를 인식할 수 없듯이, 기억이 어떻게 기억을 인식할 수 있겠는가. 따라서 자기가 자신을 인식하지 못하는 자아는 진짜 '나'가 아니다. 단지 '나라는 환상'에 불과하다. 그래서 위대한 성인들이 자아를 환상이라고 부른 것이다.

자기 자신을 인식하지도 못하는 자아는 자신이 만든 문제들을 결코 해결하지 못한다.

그럼에도 지금까지 인류는 가난과 질병, 고통과 괴로움, 갈등과 투쟁, 불평등과 차별, 자유와 정의, 폭력과 전쟁 등에 대해 종교는 교리를 교리로 해결하려고 했고, 철학은 생각을 생각으로 해결하려 했고, 과학은 분석을 분석으로 해결하려 했으며, 심리학은 마음을 마음으로 해결하려고 노력했지만, 아직까지 해결하지 못했던 이유가 여기에 있다.

자기 혁명에서 사회 혁명으로

나는 인간이다. 그러므로 인간의 일 가운데 나와 무관한 것은 없다.
-고대 로마의 명언

인류가 어떤 문제를 해결할수록 그만큼 새로운 문제들이 더 많이 생겨나는 풍선효과가 나타났다. 이것이 과거에 비해 현대의 문제가 훨씬 더 복잡하고 많아진 이유다. 왜냐하면 우리의 지식이나 경험, 신념이나 믿음, 이념이나 관념, 철학이나 신앙 등은 모두 자아가 만든 상호의존성이기 때문이다.

그래서 의학이 발달할수록 질병은 점점 더 많아지고, 새로운 법이 만들어질수록 범죄자는 점점 더 늘어나는 것이다. 왜 그럴까? 의학이 발달하여 새로운 질병을 발견하면, 그 질병에 걸리지 않게 노력한다. 그런 노력들은 그 질병을 걸리지 않게 할지 모르지만, 새로운 질병을 생겨나게 만든다.

법도 마찬가지다. 법이 생겨나면 그 법을 피하려고 불법적인 일들을 하게 된다. 그러면 불법적인 일을 적용할 새로운 법이 다시 만들어지게 되고, 범죄자는 계속해서 더 늘어나게 된다.

역설적이게도 지금까지 인류는 고양이에게 생선가게를 통째로 맡기듯, 개혁의 대상자에게 개혁을 맡겨왔다. 개혁의 대상자가 자신을 완전하게 개혁한다는 것은 불가능하다. 그럼에도 여전히 과학, 심리학, 철학 심지어 종교 등을 통해 개혁의 대상자에게 점점 더 많은 힘을 실어주고 있다.

그래서 사회 혁명만이 인류의 문제를 해결해주는 진정한 혁명이라는 생각은 망상이다. 사회 혁명 그 자체는 자기 혁명의 기반이 없이는 불가능하다. 왜냐하면 인류 역사가 말해주듯이 자기 혁명의 기반이 없이 사회를 개혁하려는 노력들은 또 다른 분열과 갈등, 투쟁을 낳기 때문이다. 대표적인 사례가 공산주의의 실패다.[17] 그리고 자본주의 또한, 같은 실패를 반복할 것이다.

자아가 만든 문제를 해결하려는 자아실현의 욕구, 즉 자기 혁명은 '주체I'/'객체me'를 합일하는 '합일 의식'에 도달할 때 가능하다. 왜냐하면 극과 극의 두 요소 또는 상반되는 두 가지 대상을 합일하는 '상호침투성'이기 때문이다.

예를 들어 '하늘/땅'은 '온 세상', '우주 만물'이라는 뜻이고, '밤/

---

17 공산주의는 쉽게 말해서 생산수단(공장)을 노동자들이 공동소유하자는 이념이다. 생산수단을 개인이 독점하면 그 사람이 권력을 갖고, 타인을 지배하고 착취하기 때문이다. 그러나 모든 사람이 필연적으로 평등할 수밖에 없는 사회는 결국 실패로 끝난 듯 보인다. 지배자와 피지배자의 위계를 없애는지는 몰라도, 국가와 국민이라는 새로운 위계가 생겨났기 때문이다. 따라서 우리가 위계 자체를 없애려는 어떠한 노력도 결국 실패로 끝나고 말 것이다.

낮'은 '온종일', '늘', '언제나'라는 뜻이다. '성공/실패'는 '경험'이라는 뜻이고, '있음/없음'은 '언제나 변함없이'라는 뜻이다. '원인/결과'는 '생각'이라는 뜻이고, '삶(탄생)/죽음'은 '현재라는 뜻이다.

이것을 종교뿐만 아니라, 철학자 및 심리학자마다 조금씩은 표현은 다르지만, '나의 것I'/'아닌 것me'을 합일하는 '합일 의식' 상태에서 드러나는 또 다른 진짜 나를 '참나Self'18라고 부른다. 그런 참나는 마음에 존재하는 모든 경계선을 점선으로 바꿔버린다. 결국, 참나일 때 자기 혁명이 가능하고 사회 혁명도 가능하다.

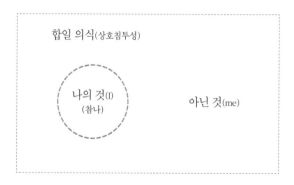

그림 2-8. 합일 의식 상태

---

18 '참나Self'의 이름은 신비사상과 형이상학적인 전통과 다양한 종교들, 심지어 과학과 철학에 의해 십여 개가 넘는 상이한 이름이 주어져 왔다. 인산 알 카밀al-Insan al-Kamil, 아담 카드몬Adam Kadmon, 루아크 아도나이 Ruach Adonai, 누스Nous, 정령精靈, 푸루샤Purusha, 여래장如來藏, 보편자普遍者, 성체聖體, 즉자성卽自性 등으로 알려져 왔다. 그리고 약간 다른 각도에서 보면 법신法身, Dharmakaya, 케텔Kether, 시바 Shiva, 아톤Aton, 심연the Void, 진여眞如, 절대신성Godhead과 실제적으로 동의어다. 종교적으로는 신, 하나님, 하느님, 야훼Yahweh, 알라Allah, 브라흐만, 천天, 도道, 리理, 한울님, 위대한 영이고, 과학적으로는 진리이며, 철학적으로는 실재나 절대와 같은 의미다. 이름이야 어떻든 간에 모두가 합일 의식 상태에서 드러나는 상징을 말하는 것이다. '참나'와 '자기'는 모두 두 개의 세계를 분리하지 않는 상호침투성이다. 그래서 영문은 모두 'Self'로 표기했다.

의식의 오류

의식의 발달은 크게 전의식-의식-초의식 3단계로 구분할 수 있다. 여기서 중요한 사실은 전의식과 초의식은 경계가 없어 같은 점선(상호침투성)으로 비슷해 보여, 이들을 혼동하거나 같은 의식으로 다루는 경향이 있다는 것이다. 하지만 전의식에서의 '자기Self'와 초의식에서의 '참나Self'는 밤과 낮의 차이처럼 엄연히 다르다.[19]

통합심리학을 창시한 통합사상가인 켄 윌버Ken Wilber는 엄연하게 다른 전의식(순수 의식)과 초의식(합일 의식)을 혼돈하게 되면, '전·초오류pre-trans fallacy'를 범하게 된다고 했다. 다시 말해 전·초오류란 전의식을 초의식으로 생각하거나, 초의식을 전의식으로 생각할 때 일어나는 오류를 말한다. 이해하기 쉽도록 전·초오류를 선문답의 예로 들어보자.

Ⓐ 산은 산이요 물은 물이다. (전의식)
Ⓑ 산은 산이 아니요, 물은 물이 아니다. (의식)
Ⓒ 산은 산이요 물은 물이다. (초의식)

여기서 전의식 Ⓐ와 초의식 Ⓒ는 얼핏 같아 보이지만 엄밀하게

---

19 전의식과 초의식은 둘 다 비이원성(상호침투성)이지만 다르듯이, 전인습적인 것과 초인습적인 것은 둘 다 비인습적이지만 서로 다르다. 전합리적인 것과 초합리적인 것은 둘 다 비합리적이만 서로 다르다. 전개인적인 것과 초개인적인 것은 둘 다 비개인적이만 서로 다르다. 전언어적인 것과 초언어적인 것은 둘 다 비언어적이만 서로 다르다.

서로 다르다. 왜냐하면 초의식 ⓒ는 의식 ⓑ를 거쳤기 때문이다. 그래서 합일 의식 ⓒ도 순수 의식 Ⓐ와 다르다. 합일 의식 ⓒ도 의식 ⓑ를 거쳤기 때문이다.

켄 윌버는 전·초오류가 발생하게 되면, 다음과 같은 두 가지 불행한 일 중 어느 하나가 발생한다고 했다.

첫 번째 환원오류는 초의식 ⓒ를 전의식 Ⓐ라고 생각하여 환원했을 경우, 초의식 ⓒ는 더 이상 존재하지 않게 된다. 그러면 영적 실재(우주)를 부정하며, 어떤 것도 진리가 아니라는 상대주의 Relativism에 빠지게 된다.

두 번째 격상오류는 전의식 Ⓐ를 초의식 ⓒ라고 생각하여 격상했을 경우, 전의식 Ⓐ는 존재하지 않게 된다. 그러면 육체적 쾌락을 찬미하며, 지금 당장 유용한 것만이 가치가 있다는 실용주의 Pragmatism에 빠지게 된다.

영적 실재(우주)를 부정하고 육체적 쾌락을 찬미하는 전·초오류

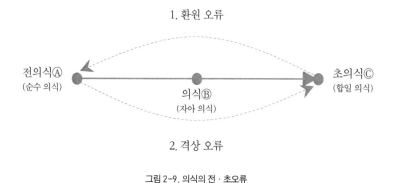

그림 2-9. 의식의 전·초오류

의 대표적인 사례가 낭만주의다. 일반적으로 낭만주의 관점은 꽤나 간단하다. 인류와 인간의 낙원을 에덴동산과 태아로 규정하여 출발한 것이다.

먼저 정상적인 의식의 사다리를 설명하면, 최초의 낙원은 텅 빈 순수 의식인 전의식 Ⓐ에서 자아가 출현함에 따라 상실된다. 이 자아가 의식 Ⓑ에 경계선을 그어 두 개의 세계로 분리하면서, 온갖 투쟁과 갈등을 만들어 낸다. 인류와 인간은 의식의 사다리를 올라가 두 개의 세계를 하나로 합일하는 초의식 Ⓒ를 이룸으로써, 새로워진 낙원을 맞아들인다.

그러나 낭만주의자들은 초의식 상태 Ⓒ를 에덴동산과 태아의 전의식 상태 Ⓐ로 환원시키거나, 반대로 에덴동산과 태아의 전의식 상태 Ⓐ를 초의식 상태 Ⓒ로 격상시키는 오류를 범한다. 그 결과 그들은 자연으로 돌아가 아이처럼 사는 것이 낙원이라고 생각한다. 그러나 자연은 맹수나 해충과 천재지변, 바이러스 등으로 위험할 뿐만 아니라, 순수한 아이가 생존하기는 불가능하다.

더구나 그들은 현실이 고통스럽고 힘들다는 이유로 과거의 낙원을 그리워하고 에덴동산으로 다시 돌아가려고 한다. 그래서 개인의 자유를 구속하는 사회를 타락한 곳으로 여기고, 정부를 적대시하고 사회적 가치를 거부하며 신체, 감각, 그리고 흔히 성욕마저도 찬양한다. 심지어 LSD[20]와 마리화나 등과 같은 환각제를 이용

---

20 LSD Lysergic acid diethylamide는 귀리에 생기는 맥각麥角으로 만든 강력한 환각제. 색, 맛, 냄새가 없고 소량으로도 그 효과가 큼. 향정신성 의약품으로 지정되어 있다.

한 약물 자극을 추구하기도 한다. 그 결과 뉴에이지New Age 운동
21, 히피Hippie 문화22, 마약 문화, 컬트Cult 종교23 등이 급속히 퍼져
나갔다.

그들이 말하는 세상은 낙원이 아니라 지옥이다.

낭만주의자들과 성격은 조금 다르지만, 깨달음을 얻기 위해 사
회를 벗어나 구도자라는 이름으로 사는 사람들(종교인도 포함)도 마
찬가지다. 그들은 사회를 벗어나야 깨달음을 얻을 수 있다고 생각
하지만, 실제로는 현실로부터의 도피일 뿐이다. 깨달음은 사회에
서 떨어져 은둔해서 얻는 것이 아니라, 사회의 일원으로 삶을 충실
히 살아가면서 얻는 것이다.

또한, 이성중심의 근대주의에 대한 거부 및 반작용으로 시작된
포스트모더니즘postmodernism24도 전 · 초오류로 일어난 문화운동이

---

21 20세기 이후 나타난 새로운 가치를 추구하는 영적인 운동 및 사회 활동, 뉴에이지 음악 등을 종합해서
부르는 단어를 말한다. 뉴에이지란 이름으로 서로 단합된 활동을 하지는 않기 때문에 정확히 어떤 사람
들이 어떤 운동을 하는지 정의하기는 힘들다. 뉴에이지 운동의 공통점을 찾기는 힘들지만, 대부분 유일
신 사상을 부정하고 범신론적이며, 개인이나 작은 집단의 영적 각성을 추구하는 경향이 있다.
22 1960년대 미국 샌프란시스코, LA 등지 청년층에서부터 시작된, 기성의 사회 통념, 제도, 가치관을 부정
하고 인간성의 회복, 자연으로의 귀의 등을 주장하며 탈사회적으로 행동하는 사람들을 가리키는 말이다.
23 사회적인 문제가 있는 종교 또는 유사 종교 단체를 의미한다. 작은 종교 단체라는 뜻도 있으나 소종파小
宗派, sect와 구분하여 주로 부정적인 의미로 쓰인다. 어떤 체계화된 예비의식, 특정한 인물이나 사물에
대한 예찬, 열광적인 숭배, 나아가서 그런 열광자의 집단, 또는 주교적인 종교단체를 의미하는 말이다. 보
편적으로 볼 수 있는 종교현상이지만 특히 미국 사회에서 현저하며, 무시할 수 없는 의미를 지니고 있다.
24 포스트모더니즘은 일반적으로 근대주의로부터 벗어난 서양의 사회, 문화, 예술의 총체적 운동을 일컫는
다. 근대주의의 이성중심주의에 대해 근본적인 회의를 내포하고 있는 사상적 경향의 총칭이다. 2차 세계
대전 및 여성운동, 학생운동, 흑인민권운동과 구조주의 이후 일어난 해체현상의 영향을 받았다. 탈중심
적 다원적 사고, 탈이성적 사고가 탈근대주의의 가장 큰 특징으로 1960년대 프랑스와 미국을 중심으로
일어났다.

다. 의식의 잘못된 이해로 비롯된 포스트모더니즘은 개성 · 자율성 · 다양성을 전의식 상태로 규정하거나 초의식 상태로 규정하였다. 이것이 오늘날 정치, 경제, 사회의 모든 영역의 이념이 되었다. 그러다 보니 개인의 자유를 무엇보다도 중요시한다. 나아가 지금 시대의 가장 유용한 돈이야말로 최고의 가치로 생각한다. 그래서 오늘날은 물질주의Materialism의 시대가 되었다.

이해하기 쉽도록 코로나19 바이러스에 대한 방역을 예를 들어 보자.

사람들은 바이러스 확산을 막기 위한 국가의 방역을 개인의 자유를 침해한다고 생각한다. 다시 말해 국가의 방역보다 개인의 자유가 더 중요하다는 것이다. 그래서 그들은 국가의 방역을 거부하거나 방해한다. 심지어 백신 접종도 거부한다. 그 결과는 어떻게 되었는가. 코로나19 바이러스는 더 많이 확산되었고, 이동이나 모임은 더 많이 제한되었으며, 경제는 더 많이 나빠졌고, 사람은 더 많이 죽었다. 그 결과 공동체는 더 위험해졌고, 개인의 자유는 더 구속받게 되었다.

개인의 자유는 국가 안에서 있는 것이지 국가를 벗어나서 있는 것이 아니다. 이처럼 전 · 초오류가 발생하면 원하는 의도와 정반대의 결과가 나타난다.

자기와 참나

　의식의 사다리에서 전·초오류가 발생하게 되면, '참나'를 '자기'로 환원시키거나 '자기'를 '참나'로 격상시키게 된다. 그러면 당신은 의식의 사다리를 오르는 진화를 중단하고 퇴화하게 된다. 하지만 태아는 어머니 뱃속에서 낙원을 찾아 세상으로 나오듯이, 인류도 에덴동산에서 추방된 것이 아니라, 낙원을 찾아 자유의지로 스스로 걸어서 나온 것이다. 또한, 태아는 어머니 뱃속에 계속 머무를 수도 없고 다시 돌아가지도 못하듯, 인류도 에덴동산에서 계속 살아갈 수 없고 다시 돌아가지도 못한다. 이러한 사실을 깨닫지 못하면 전·초오류가 발생한다.

　어찌 보면 인간의 고통과 괴로움은 현실에서 자신을 드러내려는 참나의 몸부림이라고 할 수 있다.

　당신이 마음 깊숙이 숨어 있는 참나를 망각하고 외부의 대체물로 도피하기 때문에 고통과 괴로움이 겪는 것이다. 하지만 삶의 고통과 괴로움은 낙원을 찾아가는 여정이다. 그래서 신은 인간에게 이겨낼 수 있는 만큼의 고통만 주는 것이다. 따라서 당신은 전·초오류 없이 의식의 사다리를 마지막 단계까지 올라 합일 의식 상태를 이루어 참나를 드러나게 해야 한다. 오직 그곳만이 진정한 낙원이라는 것을 명심하라.

　그런 참나는 옳음/그름, 좋음/나쁨, 선/악 등의 상호의존성을 초월한 상호침투성이기 때문에 노자가 말하는 도道 또는 덕德과 같다.

그래서 참나의 행위에는 '무위無爲', '무욕無慾', '무사無私', '무아無我' 등의 특성들을 가진다.

　무위는 '행하는 것 없이 행하는 것', 무욕은 '욕망하는 것 없이 욕망하는 것', 무사는 '일하는 것 없이 일하는 것', 무아는 '자아(생각)가 없이 인식하는 것'을 말하는 것이다. 얼핏 생각하면 이 특성들은 상호 모순 같지만 두 개의 세계가 서로를 부정하는 이율배반이 아니라 상호침투하기 때문에 가능하다. 이런 특성들은 모두 당신이 상호침투성일 때만 나타나는 참나의 특성이다. 따라서 당신이 멘탈을 상호침투성으로 리셋하면 참나가 드러나 삶의 문제들을 해결할 수 있고, 인류의 문제들도 해결할 수 있다. 이것이 당신이 원하는 것이 무엇이든 얻는 '비밀'이라는 사실을 명심하라.

감정, 부와 성공의 나침반

지금은 운명이 우리의 감정을 결정하기보다는
감정이 우리의 운명을 결정하는 시대다.

– 윈스턴 처칠 *Winston Churchill*

　당신의 생각은 두 개의 세계를 분리하여 한쪽의 세계를 결정하는 것이고, 감정은 당신이 어느 쪽 세계에 있는지 곧바로 알려주는 나침반이다. 만약 당신이 지금 기분이 좋다면 당신의 의지대로 일이 되고 있다는 것이고, 반대로 기분이 나쁘다면 당신의 의지대로 일이 되고 있지 않다는 것이다.

　중요한 것은 당신의 기분이 좋든 나쁘든, 결과는 항상 당신의 의도와 정반대로 현실에 나타난다는 것이다. 의지는 상호의존성에서 비롯되기 때문이다. 이를테면 어떤 순간 기분이 좋다면, 그것이 원인이 되어 나쁜 일이 일어난다. 또 어떤 순간 기분이 좋지 않다면, 나쁜 일이 더 많이 일어나도록 끌어당기게 되어 있다. 원인과 결과를 만들어 내는 마음의 법칙들은 틀림없이 감정에 반응해서 기분이 나빠질 일과 더 나빠질 일을 당신에게 되돌려 보낼 것이다.

감정은 우주가 보내는 신호다

감정은 우주가 당신에게 되돌려 보내는 신호다. 당신이 지금 기분이 좋거나 나쁘다면, 우주가 이렇게 말하는 거라고 보면 정확하다.

"당신에게는 두 개의 세계를 분리하는 상호의존성의 법칙과 서로를 끌어당기는 법칙이 작용하고 있다."

이 말을 달리하면 이런 의미를 담고 있다.

"그만 중지! 당장 당신의 멘탈을 태양의 입장으로 리셋하라!"

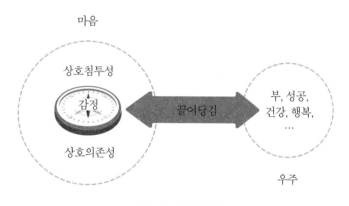

그림 2-10. 감정의 나침반

지금 당신의 기분이 어떤지 잠시 생각해보라. 당신이 기분이 좋으면서도 멘탈을 돌아보지 않는다면, 이렇게 말하는 셈이다. "기분 나빠질 상황아 일어나라!" 반대로 당신이 기분이 나쁘면서도 멘탈을 돌아보지 않는다면, "기분 나빠질 상황아, 더 많이 일어나라! 더 많이!"라고 말하는 것과 같다.

그래서 당신은 일이 계속 꼬이는 머피의 법칙이 일어나는 상황이나 시기를 보낸 경험이 있을 것이다. 이런 연쇄반응은 당신이 인식했든 못했든, 상호의존적인 생각 하나에서 비롯된 것이다. 두 개의 세계로 분리된 생각 하나가 두 세계를 고무줄처럼 서로 끌어당기고, 그 감옥에 갇혀서 결국에는 나쁜 일들이 계속해서 벌어지고 만 것이다.

이때 당신이 나쁜 일들에 하나하나 반응을 보이며 나쁜 생각을 하면, 다시 나쁜 일들을 더 많이 끌어당기게 된다. 이런 연쇄반응은 당신의 멘탈이 지구의 입장을 따르는 한 계속해서 일어난다. 반면에 당신이 멘탈을 태양의 입장으로 리셋하면 감정이 바뀌고, 감정이 바뀌면 행동이 바뀌고, 행동이 바뀌면 현재의 상황과 환경이 완전히 바뀐다.

당신의 감정이 바뀌면 멘탈이 상호침투성으로 바뀌었다는 것을 알 수 있다. 그러면 우주는 당신의 바뀐 감정을 감지해서 거기에 맞는 결과를 당신의 삶에 반드시 되돌려줄 것이다.

부와 성공을 끌어당기는 자석

그렇다면 태양의 입장에서 느끼는 감정이란 무엇일까?

당신은 평생 동안 진정한 사랑, 감사, 기쁨, 용서 등을 알지 못하고 죽는다. 당신의 멘탈이 지구의 입장을 따르기 때문이다. 그래서 태양의 입장에서의 사랑, 감사, 기쁨, 용서가 진정한 것이다. 사랑/증오를 합일한 사랑, 감사/당연함을 합일한 감사, 기쁨/슬픔을 합일한 기쁨, 용서/복수를 합일한 용서. 이처럼 태양의 입장에서 표현되는 감정은 말로 설명하기가 매우 어렵다.

사실 태양의 입장에서는 말로 표현할 수 있는 감정이란 없다. 왜냐하면 어떠한 의지나 의도가 없는 감정이기 때문이다. 굳이 말로 설명하자면 그저 있는 그대로 인정하는 것이 사랑이고, 그저 하루하루 살아 있다는 느낌이 감사고, 마음이 평온한 상태가 기쁨이고, 다른 사람을 온전히 이해하는 것이 용서다. 그래서 태양의 입장에서는 기분이 좋아질 일도 나빠질 일도 없다. 한마디로 태양의 입장에서 느낄 수 있는 감정은 어떠한 근심 걱정도 없는 '편안한 기분'이다.

당신이 일을 할 때마다 편안한 기분이 든다면, 목적지로 가는 길에 제대로 올라서 있는 것이다. 반면에 기분이 좋거나 나쁘다면, 정반대의 목적지로 가는 길에 올라서 있는 것이다. 왜냐하면 감정은 당신이 '비밀'로 가는 길을 제대로 가고 있는지 아닌지 알려주는 나침반이기 때문이다.

명심하라.

'비밀'의 감정은 바로 '편안함'이다. 편안함이란 행복/불행, 성공/실패, 고통/쾌락, 삶/죽음 등이 두 개의 세계로 분리되지 않을 때 느끼는 감정이다.

당신이 원하는 것이 세상에 없을 때 느끼는 감정이 불안이라면, 편안함은 세상에 이미 있을 때 느끼는 감정이다. 그래서 불안은 흐르는 물을 거슬러 올라가는 느낌이라면, 편안함은 흘러가는 물 위에 떠 있으면서 자연스럽게 몸을 맡기는 느낌이다.

상상은 그 자체만으로는 무엇도 만들어 내지 못한다. 하지만 상상을 편안하게 할 수 있다면, 상상은 반드시 현실로 나타나게 될 것이다. 왜냐하면 편안함은 당신이 원하는 것을 우주로부터 끌어당기는 자석이기 때문이다. 지금까지 수많은 부자들은 대부분 돈에 대해 편안한 마음을 유지하고 있었다. 부자여서 마음이 편안한 것이 아니라, 돈에 대해 가지고 있는 편안한 마음이 그들을 부자로 이끌었다는 사실을 명심하라.

자! 당신이 멘탈을 태양의 입장으로 리셋하여 편안한 기분이 들면, 무엇을 원하는지를 결정하라. 당신이 원하는 것이 크든 작든 상관이 없다. 당신이 원하는 것의 최종 결과로부터 상상하라. 그러면 강력한 끌어당김의 힘이 흘러나가서 당신이 원하는 것을 더 많이 끌어올 것이다.

이처럼 당신이 일상생활에서 근심 걱정 없이 편안한 기분이 든다는 건 정말 중요하다.

불안, 두려움, 공포와 같은 감정이 일어나면 당장 멘탈을 리셋하라.

당신이 '생각하는 것'이 아니라 '느끼는 것'을 받게 된다는 것을 기억하라.

당신이 편안한 기분이 들면 '무엇이든 원하는 것을 끌어당기고 있음'을 명심하라.

행동, 현실을 만드는 힘

배움에 힘쓰는 사람은 날마다 쌓아가지만 爲學日益,
도에 힘쓰는 사람은 날마다 덜어낸다 爲道日損.
덜어내고 또 덜어내어 損之又損,
무위에 이른다 以至於無爲.
무위하면 이루지 못하는 게 없다 無爲而無不爲.

– 노자, 도덕경 48장

　당신이 원하는 것을 현실로 나타나게 하려면 행동은 필수다. 아무 행동도 하지 않으면 아무 일도 일어나지 않는다. 그리고 당신은 과거로 돌아가 행동할 수 없고, 미래로 가서 행동할 수도 없다. 그래서 당신이 현실을 바꾸려면, 오직 지금 당장 행동해야 한다.

　누구도 미래에 일이 일어났을 때, 당신이 어떻게 행동을 하게 될지는 그 일이 실제 일어나기 전까지는 알 수 없다. 그러니 미래를 대비한 계획을 세우는 데 시간을 허비하지 마라. 미래에 일어날 일은 반드시 일어나고, 일어나지 않을 일은 일어나지 않는다. 그러니 그건 그때 가서 처리하면 된다. 그러므로 당장 머릿속에서 과거와 미래는 모두 잊어버려라. 오직 현재만 생각하라.

현재 당장 시작할 수 있는 것부터 하라

행동에는 과거와 미래가 없다. 오직 현재, 지금 여기에만 존재한다. 당신이 원하는 것을 받을 것이라면, 지금 당장 행동하라. 오직 지금 행동에만 관심을 가지고 전심전력을 다하라. 마음이 과거와 미래에 가 있으면서 행동만 현재에 한다면, 마음이 두 세계로 분리된 의지적인 행동이 되므로 당신이 원하는 것과 정반대의 결과가 나올 것이다.

그러니 과거를 후회하고 미래를 걱정하느라 현재를 허비하지 마라. 문제가 있으면 문제에 해결책도 숨어 있다는 것을 믿어라. 미래에 어떤 일이 생기든 당신에게는 그에 대처하는 능력이 있다는 것을 믿어라. 행동이 원인과 결과를 연결해준다. 다시 말해 행동은 당신이 원하는 열매가 현실로 나타나게 하는 데 필수적인 뿌리와 연결된 줄기라고 할 수 있다.

그림 2-11. 행동의 역할

어제의 일이 잘됐는지 잘못됐는지 고민하지 마라. 오늘의 일이 나 제대로 하면 된다. 내일 할 일을 굳이 오늘 하려고 하지 마라. 많은 일을 한 번에 하려고 하지 마라. 조급함만 생긴다. 조급함은 무엇을 이루려는 의지를 일으킨다. 실제로 일이 닥치면 그 일을 할 시간은 충분하다.

당신의 상황과 환경이 바뀐 다음에 행동하려고 기다리지 마라. 당신이 먼저 행동해서 상황과 환경을 바꿔라. 그러면 현재 하는 일이 발판이 되어 더 나은 일을 찾게 될 것이다. 그러니 현재는 당신에게 적합한 일이 아닐지라도 적합한 일을 찾아가고 있다는 믿음을 가져라. 당신이 편안한 마음으로 일하면, 그 일이 당신을 자연스럽게 찾아올 것이다.

그러니 당신은 원하는 것을 얻으려고 의지로 행동하지 마라. 의지적인 행동은 욕심이다. 욕심은 지금 당장은 당신에게 이로운 것 같지만, 결국에는 남을 이롭게 할 뿐이다. 사람들은 남을 이롭게 하는 행위라서 결과적으로 좋은 것이 아니냐고 반문한다. 하지만 욕심으로 한 행위가 남을 이롭게 했더라도 좋은 결과란 없다. 왜냐하면 당신의 욕심으로 인해 얻게 된 것을 남은 좋다고 생각하는데 이것 또한 욕심이기 때문이다. 그러면 남도 자신을 이롭게 하는 것이 아니라, 다른 사람을 이롭게 하는 것이다. 이렇듯 욕심은 무엇이든 자신을 이롭게 하지 않는다. 그래서 욕심은 분명히 실패로 끝이 나게 된다.

직장을 바꾸고 싶다면 당신이 원하는 일을 하는 미래의 모습을 상상하라. 대신 현재 자리에서 당장 할 수 있는 것부터 시작하라. 현재 자리에서 할 수 있는 모든 것을 다 하라. 그러면 당신이 원하는 직장이 저절로 당신을 찾아올 것이다. 그것도 반드시.

편안함에서 하는 행동은 모두 무위다

중요한 건 당신에게 무슨 일이 일어났는지가 아니라 그 일에 당신이 어떻게 반응하느냐이다.

−에픽테토스Epictetus

우주는 당신이 원하는 것을 알고 이미 이루어놓고 기다리고 있다. 그러니 당신의 행동이 어떠한 결과를 불러올지는 아무도 모른다. 당신의 작은 행동 하나가 나비의 날갯짓에 허리케인이 될 수 있다는 나비효과처럼, 우주를 움직여 어마어마한 '비밀'의 문을 여는 바로 그 열쇠인지도 모른다. 그러므로 당신이 아무리 작은 일이라도 오늘 해야 할 일을 하지 않았다면, 그 결과는 생각하는 것보다 훨씬 참혹할 수 있다는 것을 명심하라.

중요한 것은 당신이 얼마나 많은 일을 하느냐가 아니라, 각각의 행동을 얼마나 태양의 입장으로 하느냐다.

모든 행동은 그 자체로 이미 무위이거나 인위이거나, 둘 중의 하나다. 즉, 의지로 하는 행동이 인위이고, 의지 없이 하는 행동이 무위다. 예를 들면 무위는 비행기가 대기의 흐름에 따라 날아가는 것이고, 인위는 비행기가 바람에 맞서 날아가는 것과 같다. 이렇듯 당신의 행동이 인위라면 일을 할수록 그만큼 더 나빠질 것이다. 나아가 당신의 인생 자체가 실패한 인생이 될 것이다.

명심하라.

당신이 행복해지려고 노력하고, 원하고, 바라고, 기도하는 모든 기복적인 행위들은 사실 불행을 자초하고 있는 일이다. 그런 행위들은 모두 의지로 노력하는 인위이기 때문이다. 예를 들면 귀하게 자란 사람일수록 화를 당할 확률이 더 높거나, 인격은 성숙하지 못한 경우가 많다. 다시 말해 3대 독자, 5대 독자로 애지중지 자란 사람일수록 사고를 당하는 일이 많다. 또 자식을 귀하게 키울수록 다른 사람들을 우습게 여기게 된다. 나아가 어른이 되어도 십중팔구는 스스로 자립하지 못하고 부모에 의존하게 된다.

왜 그럴까? 자식을 애지중지 여겼기 때문이다. 이처럼 자식을 귀하게 애지중지 여길수록 부모의 의도와 정반대의 결과가 나오게 된다. 그런 행위들은 상호의존성을 기반으로 하는 인위적인 노력이기 때문이다.

따라서 어떤 상황을 좋음/나쁨, 옳음/그름, 선/악 등으로 분리하여 생각한 후에, '무엇을 ~한다.', '~하고 싶다.', '~갖고 싶다.' 또는 '무엇을 ~하지 않는다.', '~하고 싶지 않다.', '~갖고 싶지 않다.' 등의 인위적인 행위는 모두 정반대의 결과를 낳는다. 긍정적인 행위는 부정적인 것을 끌어당기고, 부정적인 행위는 더 부정적인 것을 끌어당기기 때문이다.

이제 당신이 과거에 했던 행동들의 결과를 한번 생각해보라. 당신의 의도와 정반대의 결과가 나오지 않았는가. 백번을 양보해서 그렇지 않다면, 아직 결과가 나올 시간이 되지 않았을 뿐이다. 이렇듯 당신이 뿌린 대로 거둔 결과라는 사실을 아는 순간, 당신은 그저 웃음만 나올 것이다. 지금까지 당신이 행복해지려고 했던 인위적인 행위들은 모두 하늘에서 내리는 빗물을 받는 데 바가지를 거꾸로 들고 있었던 격이었다.

하지만 당신이 일상생활에 필요한 일반적인 행위와 같은 무위는 반대의 결과를 일으키지 않는다. 어떠한 의지나 의도가 없기 때문이다. 이를테면 당신이 추위를 인식하여 따뜻하고 싶은 마음이 일어나서, 난방기나 보일러 등을 켜는 행위는 반대의 결과를 일으키지 않는다. 이렇듯 당신이 멘탈을 어떠한 의지나 의도가 없는 태양의 입장으로 리셋하면, 마음이 편안한 상태가 되고, 편안함에서 하는 행동은 모두 무위가 된다. 당신의 삶에서 행동이 무위라면, 전부 성공적인 행동이다. 그러면 당신의 인생 자체가 틀림없이 성공적인 인생이 되는 것이다.

상상과 무위가 만나게 하라

당신이 원하는 것을 얻지 못하는 이유는 인위로 하는 일들은 많은 반면, 무위로 하는 일들이 적기 때문이다. 반대로 당신의 행동이 인위는 하지 않으면서 무위는 많다면, 부와 성공을 끌어당길 것이라는 것은 아주 자명한 이치다. 결국, 당신의 행동 하나하나가 무위가 되도록 할 수 있느냐 없느냐가 관건이 된다. 그렇다고 당신은 어떻게 무위로 행동할 수 있을까를 걱정하지 마라. 누구나 멘탈을 리셋하기만 하면, 행동을 무위로 할 수 있다.

당신이 원하는 것을 상상했다면, 지금 당장 무위로 행동하라. 목표를 향해 달릴 때 가속도가 붙는 것처럼, 상상과 무위가 만나면 원하는 것이 현실로 매우 빠르게 나타날 것이다.

무위는 씨앗을 움 틔워 뿌리를 키워 튼실한 열매를 맺게 할 것이다. 상상을 무위로 뒷받침해줘야만 열매를 맺을 수 있다. 당신이 멘탈을 지구의 입장에서 태양의 입장으로 리셋하면, 행동 하나하나를 의지가 없는 무위가 될 수 있다.

이 무위는 우주와 함께하기 때문에 실패할 수 없는 강력한 힘을 가진다. 그래서 상상이 무위와 만나면 우주는 즉각적으로 당신이 원하는 것에 응답한다. 이제부터 당신이 원하는 것이 무엇이든 얻으려면, 모든 행동이 무위이기만 하면 된다.

그럼에도 당신이 원하는 것을 얻기 위해 머리를 쓰면서 행동하면 반드시 실패할 것이다. 당신이 머리를 쓴다는 것은 계산한다는 것이고, 계산한다는 것은 상호의존성의 법칙을 따른다는 것이다. 결국, 당신이 머리를 쓰는 행동은 인위이기 때문에 정반대의 결과를 나오게 된다.

그러나 당신이 행동을 무위로 한다면, 그것이 아무리 흔한 행동이라고 해도 그 자체로 성공이 된다. 그리고 끌어당김의 법칙에 따라 성공은 다른 성공을 더 끌어당기므로 당신과 당신이 원하는 것이 서로 다가서는 속도는 점점 더 빨라질 것이다.

무위로 행동해야 결과적으로 비슷한 것끼리 서로를 끌어당기게 한다는 사실을 잊지 말자. 따라서 오늘 할 수 있는 일은 오늘 무위로 행동하라.

명심하라.

모든 행동은 무위이거나 인위이거나, 둘 중 하나다.

당신의 모든 행동이 의지나 의도가 없는 무위일 때, 당신이 원하는 것이 무엇이든 얻게 해주는 '비밀'의 원리대로 행동하고 있는 것이다. 행동은 지금 여기뿐이다. 당신이 멘탈을 리셋하고 무위로 지금 당장 행동한다면, 당신이 원하는 것은 반드시 현실로 나타날 것이다.

◆ 당신이 인생을 '비밀'대로만 살면 끝없는 기회 속에 있으며, 누구나
부와 성공을 끌어당길 수 있다.

◆ '비밀'에는 한계란 없다. 다만 한계에 얽매인 당신의 생각이 불행을
낳게 한다. 당신이 멘탈을 지구의 입장에서 태양의 입장으로 리셋
하면, 당신에게 일어나는 일을 새롭게 만들 수 있다. 그러면 당신은
새로운 상황과 환경을 창조할 수 있다.

◆ 자극이 일어나서 인식된 상황을 해결하려고 '이것'/'저것'의 두 힘
이 팽팽하게 줄다리기를 할 때, 그 줄의 무게중심이 바로 당신의
'마음'이다. 두 개의 세계로 분리된 틈에서 연기처럼 피어오르는 생
각의 99%는 상호의존성이다. 그래서 당신의 생각과 정반대의 결과
가 부메랑처럼 현실로 나타난다.

◆ 자아가 '이것' 아니면 '저것'을 선택하게 되면, 두 개의 세계 사이에
서 생각이 일어난다. 생각은 의지와 감정을 낳는다. 의지와 감정은
둘 중의 하나다. 의지는 '~하려는 의지' 아니면 '~하지 않으려는 의

지'이고, 감정은 '긍정적인 감정' 아니면 '부정적인 감정'이다. 하지만 어떤 의지든 어떤 감정이든 상관없이, 현실은 수많은 갈등과 경쟁, 투쟁과 분열 등의 결과를 낳는다. 의지와 감정은 모두 상호의존성에서 비롯되기 때문이다. 그래서 당신이 의지로 행복을 추구했던 모든 행위들은 사실 당신의 의도와 정반대로 불행을 자초하고 있다.

◆ 당신은 현재의 생각을 통해 과거의 기억을 다시 소생시킨다. 그래서 과거의 기억을 넘어서는 것을 현실로 나타나게 할 수 없다. 결국, 당신의 현재는 과거의 결과이고, 미래는 과거가 투영된 결과다. 즉, 현재라는 거울에 비친 과거가 바로 당신의 미래다. 그래서 현재를 지배하는 사람이 과거를 지배하고, 과거를 지배하는 사람이 미래를 지배하게 된다.

◆ 당신이 현재의 모습을 바꾸고 싶다면, 멘탈을 리셋해야 한다. 생각을 바꾸고, 기억의 구속에서만 풀려난다면, 원하는 것이 무엇이든 얻을 수 있다. 돈이든 건강이든 행복이든 깨달음이든 그게 얼마나 대단하든 상관이 없다. 당신이 원인만 바꾸면 모든 상황과 환경을 완벽하게 바꿀 수 있다.

◆ 자아는 하나의 세계를 '나'라고 느끼기 '주체I'와 '나 아님'으로 느끼는 '객체me' 사이에 경계선을 그어 두 개의 세계로 분리한다. 자아는 '주체I'/'객체me'의 변증법적 통합과 분화를 거치면서, 육체자아에서 마음자아를 거쳐 정신자아로 성장해 간다. 당신의 정체성은 전적으로 자아가 마음에 경계선을 어디에 긋느냐에 달려 있다.

◆ 인류의 가난과 질병, 갈등과 폭력 등은 우주가 의도한 것이 아니라, 인간의 마음이 외부 세계에 그대로 투영된 결과다. '이것' 아니면 '저것', 즉 두 개의 세계 사이에서 인류의 모든 불행이 나온다. 그래서 인류의 모든 문제를 만들어 내는 원흉이 바로 '자아'다.

◆ 인류의 문제를 해결하려는 사회 혁명은 자기 혁명의 기반이 없이는 불가능하다. '나의 것I'/'아닌 것me'을 합일하는 '합일 의식' 상태에서 드러나는 '참나'일 때, 자기 혁명이 가능하고 사회 혁명도 가능하다.

◆ 감정은 우주가 당신에게 되돌려 보내는 신호다. 그래서 감정은 당신의 멘탈이 어떤 법칙을 따르고 있는지 알려주려는 나침반이다.

어떤 순간 기분이 좋다면, 그것이 원인이 되어 나쁜 일을 끌어당기게 된다. 또 어떤 순간 기분이 좋지 않다면, 더 나쁜 일이 일어나도록 끌어당기게 된다.

◆ '비밀'의 감정은 바로 '편안함'이다. 편안함이란 두 개의 세계가 분리되지 않아 어떠한 의지나 의도가 없을 때 느끼는 감정이다. 그래서 태양의 입장에는 느끼는 감정이란 그저 있는 그대로 인정하는 것이 사랑이고, 그저 하루하루 살아 있다는 느낌이 감사고, 마음이 평온한 상태가 기쁨이고, 다른 사람을 온전히 이해하는 것이 용서다.

◆ 원인과 결과를 연결해주는 것이 바로 행동이다. 그런데 '무엇을 ~한다.', '~하고 싶다.', '~갖고 싶다.' 또는 '무엇을 ~하지 않는다.', '~하고 싶지 않다.', '~갖고 싶지 않다.' 등과 같이 의지로 하는 인위는 당신의 의도와 정반대의 결과를 나오게 한다. 하지만 당신이 멘탈을 리셋하여 모든 행동이 의지나 의도가 없는 무위일 때, 원하는 것이 무엇이든 현실로 나타나게 한다.

3부

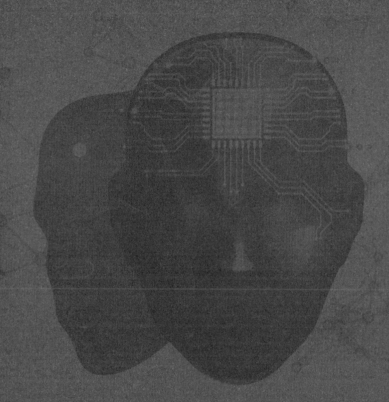

'비밀'의 주의사항

종교는 인간들이 창시한 것이다. 인간이 그 다양한 종교에서 무엇을 만들어 냈는가?
아주 작은 행복이나 만족, 그리고 엄청난 질투와 증오와 번뇌와 견해차이다.
어떤 종교나 종파 혹은 교리를 따르면 우리는 불가피하게 조건화된다.
한동안은 약간의 평화를 얻을지 모르나, 그런 평안이 오래가지는 않을 것이다.
'내가 있다'는 앎[참나]에 안주하는 것이 우리의 참된 종교다.

−니사르가닷따 마하리지 Naisargadatta Maharaj

당신이 부와 성공을 거부하고 있다는 증거는 이 책을 바라보는 시각을 보면 금방 알 수 있다. 이 책의 내용이 익숙한 사람이 있는 반면에 불편한 사람도 있을 것이다.

익숙하다는 감정은 마음이 분리되어 '주체I'와 동일시할 때 나타나고, 불편하다는 감정은 '객체me'를 억압할 때 나타난다. 예를 들어 당신이 그리스도인이라면 불교나 힌두교에 대한 책은 태어나서 한 번도 읽어보지 않았지만, 그것들은 이미 불편한 책이다. 그 내용은 거짓이고 말도 안 되는 이야기일 뿐이다. 반대도 마찬가지이다. 즉, 자신만의 세계가 옳고 반대쪽 세계는 그른 것이다.

그러면 당신의 삶은 반대쪽 세계와의 갈등과 투쟁의 연속이고, 고통과 괴로움에서 벗어날 수 없다. 게다가 반대쪽 세계를 이해한다는 것은 거의 불가능하다. 반대쪽 세계를 이해하려고 할수록 자기 쪽 세계를 부정하거나 의심하는 것 같기 때문이다.

문제는 정작 당신이 알지 못함에도 이미 거짓이라고 믿고 있던 반대쪽 세계, 그렇게 피해왔던 그 세계의 모습을 적나라하게 알 수 있는 기회를 잃어버린다는 것이다. 하지만 당신이 이 '비밀'을 온전히 이해한다면, 각각 올라가는 길은 달라도 정상은 같다는 것을 알게 될 것이다. 또 정상을 오르는 마지막 길은 멘탈을 리셋해야만 오를 수 있는 하나의 길밖에 없다는 것도 알게 될 것이다. 그리고 이 책의 '비밀'과 멘탈을 리셋하는 방법이 정상으로 가는 가장 빠르고 확실한 지름길이라는 것도 깨닫게 될 것이다.

이렇게 당신 스스로 가뒀던 구속에서 풀려나면, 당신의 인생은 완전히 달라질 수 있다. 당신이 원하는 것이 무엇이든 얻을 수 있다. 그것은 마치 거대한 통나무를 백 사람으로도 옮길 수 없지만, 물 위에 띄우면 어디든지 가고자 하는 곳에 순식간에 옮길 수 있는 것과 같이 쉽고 빠르게 현실로 나타날 수 있다.

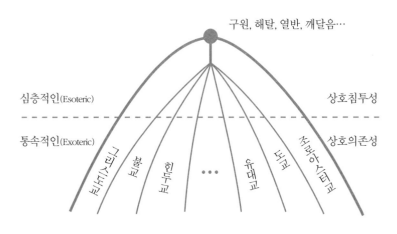

그림 3-1. '비밀'의 정상

'비밀'은 실천하는 사람의 몫이다

당신은 이 '비밀'을 믿는다면, 더 이상 흔들리지 않는 진리 위에 서게 될 것이다. 그리고 당신은 세상을 태양의 입장에서 바라보는 멘탈을 얻게 될 것이고, 그 멘탈로 남은 인생은 원하는 것이 무엇이든 얻으며 살아가게 될 것이다.

그래서 '비밀'은 사색한 사람의 몫이 아니라, 실천하는 사람의 몫이다. 이 '비밀'을 믿고 멘탈을 리셋하는 사람은 누구나 원하는 것이 무엇이든 얻을 것이다. '비밀'의 열매를 얻기 위해서는 '비밀'의 원리에 따라 사고하는 능력, 즉 멘탈을 리셋하는 능력을 먼저 갖춰야 한다. 사람이 사는 방식은 그가 사고하는 방식과 직결되기 때문이다.

이것이 당신이 부와 성공을 얻는 첫 단계다.

당신이 멘탈을 리셋한다는 것은 사물이나 상황을 겉모습에 현혹되는 지구의 입장이 아니라, 태양의 입장에서 있는 그대로 바라보는 것을 말한다.

누구나 '비밀'의 원리대로 사고할 수 있는 능력, 즉 멘탈을 지구의 입장에서 태양의 입장으로 리셋하는 능력을 가지고 있다. 하지만 당신의 멘탈은 지구의 입장에서 겉모습을 보는 사고보다, 태양의 입장에서 진실을 보는 사고가 훨씬 더 힘이 든다. 다시 말해 당신의 멘탈은 상호의존성에 따라 사고하는 것이 너무 쉽다. 반면에 당신의 멘탈이 상호의존성에 현혹되지 않고, 상호침투성으로 진실을 보는 사고는 무척 힘들어 많은 에너지를 필요로 한다. 그래서 세상에서 가장 어려운 일은 멘탈을 태양의 입장으로 리셋하는 일이라고 할 수 있다. 하나가 두 가지와 상충될 때 더욱 그렇다.

하지만 당신의 멘탈이 태양의 입장에서 진실을 꿰뚫어 볼 줄 알아야 사고의 한계를 극복할 수 있다. 예를 들어 가난이라는 겉모습에만 집착하면 부자가 될 수 없다. 왜냐하면 가난이란 없으며 사실은 풍요뿐이라는 진실을 알지 못하면, 당신의 마음은 온통 가난만이 가득 차기 때문이다.

미로에 빠지지 마라

이제부터 당신은 멘탈을 현혹시키는 검증할 수 없는 이론이나 서적, 교육에 한눈을 팔지 마라. 한눈을 팔면 의심이 생기고 확신이 없어져 멘탈이 흔들리기 때문이다. 당신의 멘탈이 흔들리면, 다음과 같은 일들을 흔히 보게 될 것이다.

- ◆ 사업이 잘돼서 어렵게 부자가 되었는데, 얼마 가지 않아 사업이 망해버린다.
- ◆ 사회적으로 성공은 했는데, 어느 순간 갑자기 건강이 나빠진다.
- ◆ 돈은 많이 벌었는데, 부부나 자식 사이의 불화가 끊이지를 않는다.
- ◆ 높은 지위에 올랐는데, 곁에 진실한 사람이 없어 늘 외로움을 느

낀다.

이 책의 '비밀' 외에 다른 방법에 관한 모든 개념을 지금 이 순간 부터 완전히 버려라. '비밀'의 문을 여는 열쇠는 오직 자기 자신밖에 없다는 사실을 명심하라. 그렇지 않으면 당신을 미로에 빠뜨려 방향 감각을 잃게 해 시간을 낭비하고 기회를 놓치게 할 뿐이다.

당신이 미로에 빠지지 않으려면, '비밀'의 주의사항을 이해하라. 이것이 사막에서 오아시스를 찾듯이, 당신의 멘탈이 흔들리지 않는 가장 확실한 지름길이다.

과거 비밀들의 오류

장님이 장님을 인도하면
둘 다 구멍에 빠지느니라.

- 도마복음 34장

과거 비밀의 오류는 크게 세 가지로 볼 수 있다.

첫째, 인간이 '비밀'을 실현할 수 없는 보편적인 마음의 틀(자아의 작동기제)을 몰랐다. 왜냐하면 인간이 생존하기 위해서 멘탈이 상호의존성의 법칙을 충실히 따르기 때문이다.

둘째, 인간의 멘탈이 상호침투성의 법칙을 따를 때 비슷한 것끼리 서로를 끌어당긴다는 사실을 몰랐다. 인류 역사상 소수의 사람만이 사물과 상황에 대해 상호의존성을 초월하여 상호침투성으로 바라봤다. 그들은 지구의 입장이 아니라 태양의 입장으로 살아서 '비밀'의 혜택을 온전히 받을 수 있었다.

셋째, 인간의 멘탈이 상호의존성의 법칙을 따르게 하는 주체인 '자아'를 간과했다. 이것은 도둑에게 도둑을 잡으라고 경찰로 임명하는 것과 같다. 그는 도둑을 잡는 척만 하지 결코 도둑을 잡지 않는다. 개혁의 대상자에게 개혁을 맡겼으니 개혁이 제대로 이루어질 리 없는 것은 자명한 이치다. 문제를 만든 자아가 문제를 해결한다는 것은 적반하장이다. 따라서 멘탈을 리셋하지 않고는 '비밀'이 올바로 작동할 수 없다.

불완전한 비밀

손바닥으로 하늘을 가릴 수 없다. '비밀'을 알았던 사람들의 말이나 연구를 통해 '비밀'의 겉모습만을 말하는 사람들은 자아의 작동기제를 절대로 이해할 수가 없다. 그래서 그들은 인간의 멘탈이 상호의존성의 법칙에 기반해서 작동하고 있다는 사실을 알지 못했다. 그리고 멘탈이 상호침투성의 법칙을 따라야만 원하는 것을 끌어당긴다는 사실도 알지 못했다. 단지 완전한 '비밀'의 반사체 역할만을 할 뿐이다. 그 결과 사람들은 상호의존성의 법칙을 충실히 따르는 멘탈을 그대로 두고 불완전한 비밀을 실천하게 되었다.

그렇다면 불완전한 비밀을 실천한 결과는 어떨까? 두말하면 잔소리다. 그들이 말하는 불완전한 비밀로는 혜택을 제대로 받을 수 없다. 아니, 반대로 얻으려고 노력하면 더 많이 잃어버린다. 게다가 그 혜택을 받았다고 하더라도, 언젠가는 잃어버리거나 다른 문제들이 생겨난다. 왜냐하면 의지로 행복을 추구하는 인위적인 행위들은 모두 당신의 의도와 정반대의 결과가 나오기 때문이다.

이렇듯 불완전한 비밀을 실천하면 원하는 것은 현실로 나타나지 않는다. 현실로 나타나더라도 다른 문제가 생긴다. 그리고 언젠가는 사라지고 더 많이 잃어버리게 된다. 결국, 당신이 불완전한 비밀을 실천한다는 것은, 그리스 신화에서 제우스를 속인 죄로 바위를 산꼭대기로 밀어 올리면 다시 아래로 굴러떨어져, 영원히 바위를 산 위로 밀어 올려야 하는 시시포스^{Sisyphus}와 같다고 할 수 있다.

가혹한 비판

지금까지 이 '비밀'에 대해 다양한 분야에서 수많은 책들이 나름 대로 해석을 내놓았다. 하지만 '비밀'의 겉모습만 보고 불완전한 비밀을 내놓았다. 그래서 '비밀'의 원리는 무엇이며, 어떻게 작동하 는지에 대해서는 일언반구 언급하지 못하는 것이다.

대표적인 불완전한 비밀을 예로 들면, 《시크릿》의 비밀은 1단계 '구하라', 2단계 '믿어라', 3단계 '받아라'다. 하지만 그 혜택을 받으 려는 인위적인 행위들은 모두 상호의존성의 법칙에 의해 정반대 의 결과를 낳는다. 그래서 멘탈을 리셋하지 않는 불완전한 비밀을 이렇게 말할 수 있다.

구하라! 그러면 얻지 못할 것이다.
믿어라! 그러면 의심할 것이다.
받아라! 그러면 잃어버릴 것이다.

《꿈꾸는 다락방》의 비밀은 "R=VD"다. 즉, "생생하게vivid 꿈꾸 면dream 이루어진다realization."라는 것이다. 마찬가지로 이 비 밀도 이렇게 말을 할 수 있다.

R=VD! 그러면 꿈은 이루어지지 않을 것이다.

《끌어당김의 법칙》의 비밀은 "긍정적인 생각은 긍정적인 것을 끌어당기고, 부정적인 생각은 부정적인 것을 끌어당긴다."라는 것이다. 마찬가지로 이 비밀도 이렇게 말을 할 수 있다.

긍정적인 생각은 부정적인 것을 끌어당기고,
부정적인 생각은 더 부정적인 것을 끌어당긴다.

여기서 말한 사례 외에 다른 책의 비밀들도 별반 차이가 없다. 너무나 가혹한 비판이라고 생각하는가! 하지만 이것이 진실이다. 불완전한 비밀로 인해 혜택을 받은 사람보다 받지 못한 사람이 더 많을 뿐만 아니라, 혜택을 받은 사람조차도 나중에는 더 불행하게 만들었기 때문이다.

필자 역시 '비밀'을 깨닫기 전에 집필했던 책과 글들도 이 비판에서 자유롭지 못하다는 사실을 고백한다. 그래서 참회하는 마음으로 이 책을 집필하였다.

현실, 최종 결과로부터의 상상

상상은 삶의 핵심이다.
다가올 미래의 시사회다.
- 아인슈타인

당신의 생각은 마음의 법칙에 따라 둘 중의 하나다. 상호의존성을 따르는 생각이냐, 아니면 상호침투성을 따르는 생각이냐. 이제부터 구분하기 쉽도록 멘탈이 상호의존성을 따르면 '생각'이라고 부르고, 멘탈이 상호침투성을 따르면 '상상'이라고 부를 것이다.

생각은 의지가 있는 지구의 입장이고 의식의 영역이다. 반면에 상상은 의지가 없는 태양의 입장이고 무의식의 영역이다.

그래서 생각은 마음에 수많은 경계선이 있어 가장 깊은 곳에 있는 순수 의식(자기)을 그물처럼 가로막는다. 하지만 상상은 마음에 경계선이 없어 순수 의식(자기)이 참나와 하나가 되어 통과한다.

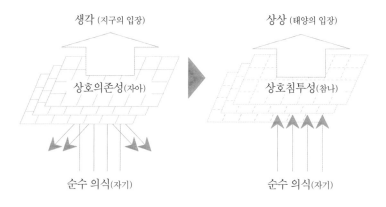

그림 3-2. 생각과 상상의 구조

창조는 상상이다

세상은 생각이 아니라 상상이 만들어놓은 결과물이다. 즉, 상상이 현실을 창조한다. 이 '비밀'을 알고 했든 모르고 했든, 당신의 현실도 역시 상상의 결과다. 상상은 당신이 원하는 것을 담은 씨앗이기 때문이다. 생각의 씨앗은 반대 세계를 끌어당기지만, 상상의 씨앗은 당신이 품은 소망을 끌어당긴다. 따라서 상상이 현실로 나타난다는 사실을 믿는 사람은 지금 자신이 창조하고 있는 것이 무엇인지를 알 것이며, 현실은 물질적인 것이 아니라 정신적인 상상에 기반을 두고 있다는 것도 깨닫게 될 것이다.

인류는 소수의 사람들이 상상으로 만든 세상을 대부분의 사람들은 생각으로 치열하게 경쟁하며 고통 속에서 살아가고 있는 것이다. 정말이지 결과를 만드는 모든 원인은 상상에 뿌리를 내리고 있다. 그래서 상상이 모든 현실을 만드는 것이다. 당신의 상상이 현실로 나타나는 시간은 당신이 일상생활에서 상상을 얼마나 하느냐에 따라 달려 있다.

객관적인 실체는 오직 상상력을 통해 만들어진다.

—피히테Johann Gottlieb Fichte

당신의 마음이 두 개의 세계로 분리되면, 그 사이에서 생각이 일어나고 의지가 생겨난다. 사실 생각과 의지는 두 세계의 사이에서 동시에 일어난다고 할 수 있다. 생각이 있어야 의지가 생기고, 의지가 있어야 생각할 수 있기 때문이다.

당신은 의지가 있으면 무엇이든 할 수 있다고 생각한다. 하지만 당신의 생각과는 달리 모든 것을 가능하게 하는 것은 의지가 아니라 상상이다. 의지로 하는 일은 오히려 당신의 의도와 정반대의 결과를 나오게 한다.

명심하라.

무의식이 의식을 이기듯이 상상은 항상 의지를 이긴다. 정말 그럴까? 여태까지 당신은 의지를 사용해 현재의 상황을 바꾸거나, 환경을 수정하기 위해 노력을 기울여왔다. 다시 말해 당신은 평생을 결과로 결과를 바꾸려는 백해무익한 일을 하며 살아왔다는 것이다. 이제는 그 결과에 대해 굳이 말하지 않더라도 당신은 알 것이다.

163

인류 역사상 위대했던 소수의 사람들을 제외한 대부분의 사람들은 상상을 이용하여 새로운 것을 만들어보겠다는 생각을 결코 해본 적이 없다. 인류는 그 소수의 사람들이 상상으로 만들어 낸 세상이다. 정말이지 상상은 우주가 당신에게 주어진 가장 값진 선물이지만, 안타깝게도 당신은 상상이 무엇인지조차 알지 못하고 있다. 그렇기 때문에 당신이 상상을 의식적으로 사용하지 않으면, 당신의 마음은 온통 생각으로 가득차서 상상은 죽은 것처럼 잠들어 있게 된다.

프랑스의 약사이자 심리 치료사로 무의식과 의식의 본성을 탐구함으로써 응용 심리학에 깊은 영향을 미친 에밀 쿠에는 "상상하라. 그러면 이루어질 것이다. 단 한 가지 조건이 있는데 의지를 가지지 말고 상상하는 것이다."라고 말했다. 여기서 말하는 의지는 상상하는 것에 대해 기대를 가지거나, 욕망에 의한 동기가 있거나, 상상을 이루려고 하는 힘을 의미한다.

그는 마음의 법칙들을 알고 있었다. 의지를 가지고 상상하는 것은 단지 생각에 불과하다는 것을. 그리고 의지로 하는 일은 원하는 것과 정반대의 결과를 얻게 된다는 것을. 하지만 그도 마찬가지로 완전한 '비밀'의 원리와 작동하는 방법에 대해서는 설명하지 못했다.

의지 없이 상상하라

당신이 상상의 힘을 발휘하려면, 에밀 쿠에의 말처럼 의지를 가지고 노력하지 않아야 한다. 왜냐하면 상상에 대해 의지가 생기는 순간, 당신의 멘탈이 상호의존성의 법칙을 따르기 때문이다. 당신의 마음이 성공/실패로 분리되어, 자아가 성공을 동일시하면 성공하려는 의지가 생겨난다.

하지만 성공을 위한 의지적 노력들은 "성공할 수 있을까?", "괜찮을까?", "문제는 없겠지!"라며 강한 의심을 불러일으켜 실패에 대한 두려움을 생기게 한다. 그러면 실패에 대한 두려움으로 인해 당신의 의도와는 정반대의 결과가 나오게 된다. 나아가 당신이 실패를 반복하면, 무의식은 당신을 아주 나약한 존재로 인식하게 해서, 결국에는 무능력한 인간으로 스스로를 폄하하게 만든다.

반대로 당신이 성공하지 않으려는 의지도 당신을 게으르고 무기력하게 만든다. 나아가 다른 사람을 의존하며 살아가려고 한다. 즉, 긍정적인 의지는 부정적인 것을 끌어당기고, 부정적인 의지는 더 부정적인 것을 끌어당긴다.

명심하라.

의지 없이 상상하라는 말은 물리적으로 아무런 노력을 하지 말라는 뜻이 아니라, 태양의 입장에서 물 흐르듯이 자연스럽게 하라는 것이다. 다시 말해 의식적으로 노력하지 말고, 기대하지 말고, 이루려고 하지 말고, 욕망에 의한 동기를 가지지 말고, 상상하라는 것이다. 왜냐하면 의지가 일어나면 상상은 생각으로 변하기 때문이다.

그림 3-3. 생각과 상상의 차이

   당신이 의지 없이 상상하려면 원하는 것의 최종 결과를 생각Ⓐ
하는 것이 아니라 최종 결과로부터 상상Ⓑ해야 한다. 영화로 예를
들면 최종 결과를 생각하는 것은 영화를 하나의 장면씩 촬영해 가
는 것이고, 최종 결과로부터 상상하는 것은 영화관에서 이미 촬영
된 영화를 보는 것이다. 이 영화는 당신이 주인공이라서 모든 장면
들에 항상 참여하고 있다. 그래서 상상은 단순히 영화를 보고 있는
것이 아니라, 실제로 영화 속의 장면에서 당신이 행동하고 있어서
그 상황과 감각들이 당신에게는 현실처럼 느껴지는 것이다.

   비슷한 말 같지만 결과는 천지 차이다. 최종 결과를 생각할 때는
현실에 없는 것처럼 느껴지지만, 최종 결과로부터 상상할 때는 현

실에 이미 이루어져 있는 것처럼 느껴지기 때문이다. 그래서 최종 결과를 생각하면 의지가 일어나지만, 최종 결과로부터 상상하면 의지가 일어나지 않는다. 이것이 당신이 멘탈을 생각에서 상상으로 리셋하는 방법이다. 당신이 최종 결과로부터 의지 없이 상상할 때의 감정이 우주와 공명을 일으켜 원하는 것을 현실로 끌어당기게 된다는 사실을 명심하라.

어떻게 이룰 것인가는 생각하지 마라

에밀 쿠에는 상상과 의지가 맞서면 반드시 상상이 의지를 이긴다고 말한다. 왜냐하면 생각은 의식에서 일어나지만, 상상은 거대한 힘을 가진 무의식에서 일어나는 것이기 때문이다. 그는 《자기암시 Autosuggestion》에서 상상이 의지를, 무의식이 의식을 이기는 상황을 이렇게 설명했다.

"땅바닥에 폭이 30cm쯤 되고 길이가 10m쯤 되는 널빤지가 놓여 있다고 가정해보자. 누구나 널빤지의 한쪽 끝에서 다른 쪽 끝까지 쉽게 건너갈 수 있다. 그럼 실험 조건을 바꾸어 보자. 널빤지는 이제 높은 빌딩 옥상에서 다른 빌딩 옥상으로 걸쳐져 있다고 가정해보자. 감히 누가 이 널빤지 위를 걸어갈 수 있을까? 두 걸음도 못 가서 후들거리고 아무리 '의지'를 가지고 용기를 낸다 하더라

도 결국에는 땅으로 떨어질 것이다."

    왜 땅에 있는 널빤지에서는 걸을 수 있는데, 공중에 떠 있는 널빤지에서는 떨어지는가. 널빤지의 폭에는 변화가 없는데도 말이다. 이유는 간단하다. 널빤지가 땅바닥에 놓여 있을 때는 마음이 삶과 죽음으로 분리되지 않아 끝까지 걸어갈 수 있다고 '상상'한다. 하지만 공중에 떠 있는 널빤지를 보면, 마음이 삶/죽음으로 분리되어 죽지 않으려면 조심해야 한다는 '의지'가 생겨난다. 죽지 않기 위해 조심해야 한다는 '의지'는 실제로 할 수 있는가 없는가와는 상관없이 절대로 앞으로 나아가지 못하게 한다. 왜냐하면 조심해야 한다는 '의지'는 두려움을 생기게 하고 죽음의 공포에 휩싸이게 하기 때문이다.

이와 비슷한 상황을 당신은 흔히 볼 수 있다. 신체는 아무런 이상이 없는데 임신이 잘 되지 않는 사람들도 마찬가지다. 그들은 임신이 잘 되는 방법을 찾아 병원에 가기도 하고 운동과 건강도 챙기며 온갖 노력을 해보지만, 임신이 잘 되지 않는다. 그러다가 아이를 갖는 것을 포기해 버리면, 오히려 임신이 쉽게 되어 버린다.

요즘 결혼하는 시기가 늦춰지면서 불임이 생기는 경우가 늘었다고 하는데, 아이를 갖지 못하는 여러 가지 이유가 있겠지만 진짜 이유는 그것이 아니다. 아이를 가지려는 '의지'는 오히려 마음을 불안하게 해서 임신을 어렵게 만들기 때문이다.

불면증으로 고생하는 사람들도 마찬가지다. 잠을 자려고 온갖 노력을 다할수록 잠들기는 더욱 더 힘들어진다. 잠을 자려는 '의지'는 오히려 생각이 많아지게 하기 때문이다.

당신은 어떤 사람의 이름이 생각나지 않아서 그 이름을 기억해 내려고 애를 썼던 적이 있을 것이다. 그러나 '좀 있으면 생각이 나겠지.' 하고 내버려 두면, 어느 순간 문득 그 이름이 떠오르는 경험을 했을 것이다. 그 사람의 이름을 기억해 내려는 '의지'는 혼동만 일으키기 때문이다.

당신은 웃어서는 안 될 자리에서 웃음이 터져, 어떻게든 참으려고 애를 쓸수록 웃음이 더 크게 터져 나오는 경험도 있을 것이다. 웃음을 참으려는 '의지'는 오히려 웃음을 더 터지게 한다.

바둑판에서 흔히 쓰는 "장고 끝에 악수 난다."라는 말이 있다. 너무 깊게 오래 생각하다 보면, 국면의 흐름을 망각하고 판단력이 흐려져 악수를 둘 수 있다는 것이다. 즉, 생각을 많이 하면 할수록 정반대의 결과가 나온다. 이렇듯 당신이 의지로 했던 일들은 무의식에 남게 되고, 그 무의식이 당신도 모르게 현실로 나타나게 된다. 이것은 모두 당신의 멘탈이 상호의존성의 법칙을 충실하게 따른 결과다.

기억하라.

상상과 의지가 충돌하면 예외 없이 상상이 의지를 이긴다. 당신은 상상하지 않은 것을 현실로 만들어 낼 수는 없다. 이 말은 달리 해석하면 당신이 멘탈을 리셋하여 원하는 것을 상상하게 되면, 현실로 나타나게 할 수 있다는 말과 같다.

당신이 원하는 것이 큰 것이든 작은 것이든 상관이 없다. 현실에서 일어날 가능성이 있는 상상이라면, 그 일은 반드시 현실로 나타난다. 그러니 당신의 멘탈을 생각에서 상상으로 리셋하라.

당신의 삶에 일어나는 모든 일들을 의지 없이 최종 결과로부터 상상하라. 이미 이루어졌다고 상상하라. 그때의 감정을 상상하라. 단 어떻게 이룰 것인가는 생각하지 마라.

방법은 의지를 불러일으킨다. 방법은 우주의 영역이라서 이미 존재하고 있다. 그러니 당신은 어떤 방법으로 이루어질 것인지는 우주에게 맡기고, 그저 원하는 것의 최종 결과로부터 상상하라. 그러면 우주가 최단 시간에 이룰 방법을 찾아 현실로 나타나게 한다.

부, 경쟁이 아니라 창조하는 것

창조는 이미 존재하는 것을
형태 속에 투영시켜 구체화하는 것일 뿐이다.
- 고대 힌두 문헌, 스리마드 바가바탐 Srīmad Bhagavata

우주는 당신이 필요로 하는 것들을 뭐든지 제공해주지만, 다른 사람에게 빼앗아 주는 것은 아니다. 그렇기 때문에 당신은 부자가 되기 위해 다른 사람과 경쟁하려는 생각을 완전히 버려야 한다.

경쟁은 너/나, 부자/빈자, 성공/실패 등으로 마음이 두 개의 세계로 분리되어 있을 때 결핍에서 생겨난다. 즉, 부족하다는 생각은 다른 사람들과 경쟁하게 만든다. 반면에 창조는 두 개의 세계가 하나가 될 때 풍요에서 생겨난다. 즉, 충분하다고 생각하는데 왜 다른 사람들과 경쟁을 하겠는가.

부자가 되고 싶으면 창조자가 되어라

당신의 멘탈이 상호의존성을 따르면 당신의 의도와 정반대의 결과를 끌어당기지만, 상호침투성을 따르면 당신이 원하는 것을 우주로부터 끌어당긴다. 부는 부를, 성공은 성공을, 건강은 건강을 끌어당긴다. 이것이 바로 '창조'다.

당신이 원하는 것을 창조하기 위해서는 먼저, 상호침투성으로부터 세상 만물이 비롯됨을 믿어야 한다. 다음으로 상호침투성으로부터 당신이 원하는 모든 것을 얻을 수 있다는 사실을 믿어야 한다. 마지막으로 당신의 멘탈을 상호침투성으로 리셋해야 한다.

당신이 추구해야 할 일은 부자가 되기 위해 다른 사람들과 경쟁할 것이 아니라, 새롭게 창조하는 것이다. 경쟁해서 부자가 되는 사람들이 많아질수록 다른 사람들의 상황은 더 나빠진다. 자신이 이득을 보면 다른 사람은 반드시 손해를 보는 제로섬^{zero-sum} 게임이기 때문이다.

하지만 창조해서 부자가 되는 사람들이 많아질수록 다른 사람들의 상황도 좋아진다. 창조자는 다른 사람의 것을 빼앗아오는 것이 아니라, 우주로부터 새로운 것을 만들어 내기 때문이다. 그래서 창조자에게 돈이란 오늘을 마음껏 누리게 해주는 '수단'이자 '하인'이다. 반대로 경쟁자에게 돈은 '목표'이자 '주인'이다. 그들은 돈을 벌거나 지키고자 자신의 삶을 희생하는 것이다. 그래서 경쟁자는 내일만 산다. 오늘은 단지 내일을 위해 희생해야 할 다른 하루일 뿐이다. 반면에 창조자는 오늘만 산다. 매일 그날의 기쁨에 충실하기 때문이다.

경쟁자	창조자
제한	무한
남의 것(제로섬)	우주의 것(창조)
결핍	풍요
조급함	기다림
돈은 목표/주인	돈은 수단/하인
지배/권위	나눔/배려
내일	오늘

표 3-1. 경쟁자와 창조자의 특징

명심하라.

우주는 결핍이란 자체가 없다. 오직 풍요만 있다. 그래서 창조자는 늘 풍요에 집중한다. 당신이 부자가 되고 싶다면, 오직 풍요에 집중해야 한다. 돈이 부족하다는 것에 집중하면, 돈이 부족한 온갖 상황을 끌어당기게 될 것이다. 그러니 가난에 대해서는 생각도 하지 마라. 오직 풍요에만 주의를 기울여라. 그래야 당신의 멘탈이 이전과 전혀 다르게 '결핍'의 세상에서 '풍요'의 세상으로 리셋할 수 있다.

기적은 없다

경쟁해서 부자가 되려는 사람은 다른 사람들을 지배하려는 사악

한 의도를 가지고 있어 권위적이다. 자신보다 강한 사람에게는 복종하고, 자신보다 약한 사람은 지배하려고 한다. 약한 사람을 보면 마치 스스로 복종하고 있는 자기 자신을 보는 것 같아, 이런 사람을 싫어하고 혐오한다. 그 결과 권위적인 사람은 강한 사람에게는 약하고, 약한 사람에게는 강한 특성을 갖는다.

권위적인 사람은 지구의 입장에서 살아가는 경쟁자일 뿐이다. 당신이 원하는 것을 얻기 위해서는 경쟁자가 아니라, 창조자가 되어야 한다. 창조를 통해 당신이 원하는 것을 얻으면, 다른 사람들도 같이 혜택을 보게 된다. 왜냐하면 경쟁해서 뺏는 것이 아니라, 새롭게 만들어 낸 부는 창조한 것이기 때문이다. 그래서 창조자는 부를 다른 사람들과 나누고 공유하는 데 불편함이 없다. 창조자는 나의 것과 남의 것을 구분하여 생각하지 않는다.

물론 세상에는 순전히 특출한 경쟁 능력을 발휘해 부자가 된 사람들도 있다. 하지만 그들의 멘탈이 상호의존성의 법칙을 따르는 한, 그렇게 얻는 부는 만족을 주지도 못하고 영원히 지속되지도 못한다. 또한, 갑자기 부자가 된 사람들도 있다. 그렇다면 복권에 당첨되어 한순간에 부자가 된 사람들을 보라. 그들 중 대부분은 당첨되기 전보다도 더 비참한 삶을 살아간다. 그들은 모두 진정한 부자가 아니다. 오직 창조적인 방법을 통해 부자가 된 사람만이 경쟁이 가져오는 타락적인 영향으로부터 자유롭다는 사실을 기억하라.

그럼에도 당신이 다른 사람들과 경쟁해서 부자가 되려는 것은 부의 공급과 기회가 제한되어 있다고 생각하기 때문이다. 그래서 대부분의 사람들은 자신이 돈을 벌려고 목표한 정도만큼의 부만을 축적한다. 다시 말하지만 우주는 당신이 원하는 것을 모두 주고도 넘친다. 게다가 사용하면 즉시 다시 채워진다. 경쟁자는 이 사실을 모르지만, 창조자는 이 사실을 너무나 확실히 알고 있다.

당신은 한순간이라도 창조 상태에서 벗어나서는 안 된다. 부의 공급이 제한되어 있다는 생각이나, 경쟁에서 비롯된 권위적인 행동을 단 한 순간이라도 해서는 안 된다. 왜냐하면 그 순간 당신이 지구의 입장에서 살아가는 경쟁자가 되어 버리기 때문이다.

당신은 지금도 끊임없이 무엇을 창조하고 있다. 여기서 중요한 사실은 당신이 멘탈을 상호침투성으로 리셋해야만 원하는 것이 현실로 나타날 수 있다는 것이다. 그리고 여행을 가듯 편안한 마음으로 기다리며 지금을 즐겨야 한다. 왜냐하면 에너지(미립자)가 현실로 전환되는 시간이 필요하기 때문이다.

이제부터 당신은 부와 행복을 얻기 위해서는, 당신이 가진 창조의 힘을 믿고 멘탈을 태양의 입장으로 리셋하라. 그러면 당신이 원하는 것이 무엇이든 현실로 나타날 것이다.

인류의 최대 약점은 불가능이라는 말에 너무나 익숙해져 있다는 것이다. 당신은 일어날 수 없는 불가능한 일이 현실로 일어나면 기적이라고 부른다. 하지만 세상에는 기적이란 없다. 이제 구구이 말하지 않아도 세상에 일어나는 모든 일이 '비밀'의 법칙들에 따라, 당신이 뿌리는 대로 일어난 결과라는 사실을 알 것이다. 그러면 세상에는 기적이란 없다는 사실도 명확하게 알 것이다.

조급, 실패의 어머니

기다리는 동안 일을
잘 처리하는 자에게 모든 것이 온다.
– 에디슨

당신의 모든 문제는 두 세계 사이에서 생겨난다. 예를 들어 당신의 마음이 성공/실패로 분리되면, 성공하려는 의지가 생겨난다. 그 의지는 빨리 성공하려는 조급함을 낳는다. 이런 조급함은 당신이 손해만 보는 선택을 하게 한다. 그런 선택이 쌓이면 실패하게 된다. 이렇듯 성공/실패는 고무줄의 양쪽 끝과 같다는 사실을 명심하라. 당신이 성공의 끝을 잡아당기면 자동적으로 실패의 끝이 끌려오고, 실패의 끝을 당기면 더 큰 실패의 끝이 끌려온다.

실패는 반복된다

당신이 무엇을 하는데 조급한 마음이 든다면, 실패에 대한 두려움에서 비롯된 것이다. 즉, 실패에 대한 두려움은 실수를 하게 만

성공
실패
⋮

실패
더 큰 실패
⋮

그림 3-4. 두 세계의 관계

들고, 실수가 늘어나면 실패로 연결된다. 역설적이게도 실패에 대한 두려움이 실패를 자초하게 한다. 결국, 당신이 성공하기 위해 조급해할수록 실패를 더 빨리 끌어당기게 될 것이다.

또 시간이 부족하다고 생각하면 뫼비우스의 띠처럼, 시간이 더 부족해지는 악순환에 빠진다. 설상가상으로 성급하게 해결해야 할 상황들이 더 끌려오게 된다. 그러니 조급함을 알아차려라. 그러지 않으면 계속해서 실수하게 될 것이다. 그렇다면 지금 당신의 상황은 어떠한가?

실패는 조급하게 행동해서 실수하거나, 의심과 두려움을 품고 행동하거나, 올바른 동기를 잊고 행동할 때 생긴다. 한마디로 실패는 지구의 입장에서 무엇을 이루려는 욕심, 또는 실패하지 않으려는 욕심에서 비롯된다. 그래서 상호의존성의 법칙에 따라 실패(실수)는 반복하는 속성을 지니고 있다. 당신이 실패에 대한 기억을 리셋하지 않는다면, 실패는 계속해서 반복될 것이다. 그래서 조급함은 실패의 어머니다.

하지만 우주는 실패란 없다. 경험의 입장에서 보면 성공과 실패는 같은 것이다. 당신에게 일어난 모든 일들이 성공으로 가는 과정이라고 생각하면 실패란 없다.

당신의 인생을 한번 돌아보라. 당신에게 일어난 모든 일들이 지금 여기까지 오기 위한 여정이지 않았는가. 문제가 생겨도 어떻게든 해결이 되지 않았는가. 문제와 해결책은 항상 함께 있다는 사실을 기억하라. 그래서 어떤 시련과 고난이 닥쳐도 어떻게든 이겨내지 않았는가.

당신에게 과거의 일들이 어떻게든 해결이 되었다면, 미래의 일들도 어떻게든 해결될 것이다. 즉, 과거가 해결이 되었으면 미래도 해결이 될 것이다. 그러니 미래에 무슨 일이 일어날까?, 어떻게 살아갈까?, 어떻게 해야 할까?를 걱정하지 마라. 지금은 실패처럼 보였던 것이 시간이 지나서 보면, 위대한 성공이었다는 사실을 알게 될 것이다.

그러니 나무를 보지 말고 숲을 보라. 실패를 성공으로 가는 과정이라고 생각하라. 그러면 당신이 했던 모든 실패는 성공의 기억으로 바뀔 것이다. 이처럼 당신이 멘탈을 실패를 성공으로 리셋하면, 원하는 것을 얻을 것이다. 당신이 실패라고 생각하지만 않으면 실패란 없다. 당신이 실패라고 생각하기 때문에 실패가 된다는 사실을 명심하라.

포기하지 않는 사람만이 성공한다

당신이 원하는 것을 얻지 못할 때도 있다. 이것을 당신은 실패라고 불렀다. 다시 말하지만 실패란 없다. 그럼에도 당신이 원하는 것을 얻지 못해서 실망했다면 기대했기 때문이다. 실망은 기대에서 생기는 것이고, 기대는 의지에서 비롯된 것이다. 그래서 당신의 의도와 정반대의 결과가 나타난 것이다. 하지만 당신에게 일어난 일이 아무리 실패처럼 보일지라도, 실패는 당신에게 더 큰 것을 주기 위한 것이거나, 성공이 현실로 나타나기 얼마 남지 않았을 때 찾아온다.

성공은 항상 불운이나 실패의 그늘에 숨어 은밀히 찾아온다는 사실을 명심하라. 하지만 많은 사람들은 실패를 겪으면 너무 쉽게 포기해버린다.

인류 역사상 포기하지 않았던 사람만이 오직 성공한 사람이었다는 사실을 기억하라. 그들은 모든 일들이 성공으로 가기 위한 과정이라는 사실을 너무나 잘 알고 있었다. 그래서 성공이란 '포기하지 않는 것'이고, 실패란 '포기하는 것'이다. 당신이 원하는 것을 당장 얻지 못하게 되더라도, '비밀'의 원리대로 멘탈을 리셋하며 살아가면, 나중에는 훨씬 더 좋은 것을 얻게 될 것이다.

당신이 당연히 해야만 하는 일을 하고 있다면, 조급하지 않을 것이다. 당신이 조급한 이유는 당신이 하고 싶지 않은 일을 의지로 노력하기 때문이다. 다시 말해 당신이 의지를 가지고 노력한다는 말은, 당신이 하고 싶지 않은 일을 할 때에 일어나는 행위다. 당신이 분주히 무엇을 열심히 노력한다고 해서 성공하는 것이 아니다. 오히려 당신은 멘탈을 리셋하고, 편안한 마음으로 기다릴 줄 알아야 성공할 수 있다.

당신이 기다릴 때 가장 필요한 것은, '비밀'에 대한 믿음과 확신이다. 당신이 원하는 것이 이미 이루어져 있다는 믿음과 확신이 있다면, 그 기다림에 두려움은 없고 끝은 좋을 수밖에 없다. 반대로 믿음과 확신이 없으면 간절해진다. 사람들은 간절해야 원하는 것을 얻을 수 있다고 말한다. 하지만 그것은 간절함이 아니라, 믿음과 확신으로 얻은 것이다. 정말 그럴까?

당신이 원하는 것을 얻으려는 마음이 간절하면 조급해진다. 간절함이 커져 조급해지면 불안과 걱정, 두려움도 자라난다. 간절함은 의심에서 비롯되기 때문이다. 결국, 간절히 원하는 마음은 '결핍'에 집중하는 것이다. 지금 당신한테 없다고 느끼기에 간절한 마음이 생기는 것이다. 그 결과 당신이 원하는 것을 얻지 못하게 된다.

다시 말하지만 우주에는 '결핍'이란 없다. 오직 '풍요'뿐이다. 당신이 원하는 것은 이미 이루어져 있다. 이미 이루어져 있는 당신의 것을 당신이 가져오는데 조급할 필요가 전혀 없다. 그러니 편안한 마음으로 기다리면, 당신이 원하는 것은 반드시 현실로 나타날 것이다.

당신이 조급해하는 순간 창조자에서 경쟁자로 바뀐다는 사실을 잊지 마라. 오히려 당신의 멘탈이 태양의 입장에서 지구의 입장으로 퇴보하게 되는 것이다. 그러면 당신의 의도와 정반대의 결과를 낳는다. 당신이 조급하다는 것을 깨달을 때마다 "그만! 멘탈을 태양의 입장으로 리셋하자!"라고 선언하라. 이제 당신이 원하는 것의 최종 결과로부터 상상하고 이미 이루어져 있다고 믿어라. 그리고 당신이 원하는 것을 이미 받은 것처럼 감사하라. 그러면 당신의 멘탈이 태양의 입장으로 리셋이 되어 상상이 현실로 반드시 나타날 것이다.

인생, 100% 자신의 책임

실패하는 길은 여럿이나
성공하는 길은 오직 하나다.
– *아리스토텔레스 Aristoteles*

당신의 생각이 원인이고 현재의 모습은 결과다. 그러면 당신의 생각에서 비롯된 인생은 100% 자신의 책임이다. 그럼에도 당신이 조건반사처럼 외부에 책임을 떠넘기면, 계속해서 현실은 더 악화될 뿐이다.

상호의존성을 따르지 마라

당신은 좋지 않은 환경과 힘든 상황에서도 늘 긍정적으로 생각하며 살려고 노력했다. 그런데도 당신의 삶은 왜 나아지지 않고 단지 긍정적인 느낌에 지나지 않을까? 아무리 긍정적인 생각을 해도 상황이 좋아지지 않으면, 삶이 허망해진다. 때로는 당신이 다른 사람과 자신의 처지를 비교하다 보면, 자신의 행복이 바닷가에 쌓은 모래성과도 같은 것임을 깨닫고 허무감에 빠지기도 한다. 도대체 왜 그럴까? 당신이 부정적인 생각을 숨긴 채 긍정적인 생각만 하려고 노력했기 때문이다. 겉으로는 아무리 긍정적으로 생각하지만, 무의식에 숨겨진 부정적인 생각이 정반대의 결과를 낳게 한다.

당신이 상호의존성의 법칙을 무시한 결과는 늘 이와 같다. 예를 하나 들어보자.

당신이 무엇을 사고 싶어 지갑을 열었는데, 돈이 없다는 사실을 알게 되었다. 짜증이 났지만 돈을 절약하게 되어서 좋다고 긍정적으로 생각한다. 그러나 당신의 무의식에는 돈에 대한 결핍감, 불만, 걱정들만 기억으로 남아 있게 된다. 그때부터 당신은 돈을 쓸 때마다 '돈이 없다.(결핍)'라는 생각에 사로잡히게 된다. 이제 당신에게 돈이란 쓰면 안 되는 것이 되었다. 철저하게 절약하고 아끼지 않으면 큰 위험이 닥칠 거라 믿는다. 그 결과 당신이 아무리 의식적으로는 그럴 의도가 없어도, 무의식에서는 돈에 대한 부정적인 기억과 상응한 결과가 현실로 나타나게 된다.

당신의 무의식에 부정적인 기억이 자리를 잡으면, 당신이 어떤 행동을 하든지, 어떤 생각을 하든지, 어떤 일을 하든지, 결과는 항상 마찬가지다.

"집을 마련하면 좋아질 거야.", "직장이 생기면 만족할 거야.", "자식들이 독립하면 편안해질 거야.", "사업이 성공하면 안정될 거야."라며 말해왔다면, 당신은 원하는 것을 얻지 못할 것이다.

만약 당신이 원하는 것을 얻었다면, 그것으로 인해 다른 문제가 생겨 날 것이다. 아니면 시간이 흐르면 얻은 것을 잃어버릴 것이다. 그렇게 당신이 얻은 것은 모두 부정적인 기억에서 비롯되기 때문이다. 당신의 멘탈이 상호의존성을 따르는 한, 당신의 의도와 정반대의 결과가 현실로 나타나게 된다는 사실을 명심하라.

더구나 당신이 아무리 긍정적으로 생각하려고 해도 부정적인 생각은 사라지지 않는다. 의식은 통제할 수 있을지 모르지만, 무의식은 결코 통제할 수 없기 때문이다. 이것은 당신의 마음이 두 개의 세계로 분리되어 있는 한, 이것은 해결될 수 없는 숙명 같은 문제다. 그래서 당신이 긍정/부정, 강점/약점, 효과/비효과, 효율/비효율 중에 한쪽은 그대로 두고 다른 한쪽을 선택해서 개선하거나 보완하거나 개발하는 노력들은, '비밀'의 원리를 몰라서 발생하는 치명적인 오류다.

우리는 '나는 불행하다. 그래서 나는 행복해야 한다.'라고 말한다.
하지만 행복해야 한다는 바로 그 요구 속에 불행이 있다.
이 끊임없는 요구에서 벗어나야 하며
그렇지 않으면, 이원성[상호의존성]의 회랑回廊[반복]은 끝나지 않을 것이다."

–지두 크리슈나무르티

현실은 마음을 비추는 거울이다

　우주는 모든 사람을 이미 부자로 만들어놓았다. 하지만 당신이 가난에서 벗어나지 못하는 유일한 이유는, 당신의 멘탈이 부자가 되지 못하게 막고 있기 때문이다. 당신이 부자가 되려면, 생각의 한계를 벗어던져야 한다. 그렇지 않으면 부는 생각의 한계만큼만 들어올 것이다.

　당신은 오직 당신이 원하는 것에만 집중해야 한다. 당신이 원하지 않는 것은 절대 생각하지 마라. 당신이 원하지 않는 것을 생각할 때마다, 새로운 한계가 하나 더 생겨난다. 그러면 그 한계만큼만 원하는 것을 얻게 될 것이고, 그 한계로 인해 당신의 삶에는 원하지 않는 일들이 더 많이 생겨난다. 이를테면 당신이 돈이 부족하다는 사실에 집중하면, 돈이 부족한 온갖 상황이 만들어질 것이다.

　당신이 원하지 않는 것들과 멀어지게 하는 유일한 방법은, 당신이 원하는 것을 더 많이 얻는 방법뿐이다. 그러면 당신이 원하지 않는 것들은 저절로 사라진다. 예를 하나 들어보자.

　당신이 빚을 갚는 것을 목표로 정했다. 하지만 당신이 목표를 정하는 순간 빚에서 벗어나지 못한다. 왜 그럴까? 한마디로 빚은 빚을 끌어당기기 때문이다. 당신이 빚에서 벗어나려는 노력들은 무의식에 남아 있게 된다. 심지어 당신이 빚을 모두 갚더라도, 무의식에는 빚이라는 기억이 남아 무의식은 빚이 좋다고 응답한다. 그래서 당신이 빚을 모두 갚더라도 빚이 다시 생기게 되는 것이다.

당신이 빚을 갚으면서도 돈이 충분하다는 느낌으로 풍요에 집중하라.

"돈은 충분히 있어!", "돈은 차고도 넘쳐!", "돈을 사랑해!" 그래서 "근심 걱정이 없어!"

그래야 우주와 같은 생각과 감정을 가지게 된다.

그리고 가정에서 학교에서 사회에서 주입된 돈에 대한 관념을 모두 리셋하라. 이를테면 직장을 통해서만 돈을 벌 수 있다는 생각을 즉시 버려라. 그렇다고 직장을 그만두라는 말이 아니다. 돈은 직장을 통하지 않더라도 들어온다는 말이다. 또 돈은 힘들게 벌어야 돈이 소중한지 안다는 생각도 버려라. 그런 생각을 고집하면 할수록 힘들게 일하고, 고생해야 돈이 들어올 것이다. 우주가 돈을 주면 당신이 생각하지도 못한 사람이나 장소에서, 시시때때로 쉽게 들어온다는 것을 알게 될 것이다.

그래서 당신이 원하는 것을 얻으려는 동기가 대단히 중요하다. 당신이 두려움을 없애려거나, 누군가에게 인정을 받으려거나, 자신을 증명해 보이려거나, 누군가에게 복수하려는 욕구에서 출발한 동기라면, 원하는 것을 결코 얻지 못할 것이다. 아니, 당신의 생각과는 정반대의 결과가 현실로 나타날 것이다.

예를 들어 당신이 경제적으로 안정된 생활을 위해 성공하려고 한다. 하지만 당신이 안정된 생활을 하고 싶다는 마음과 불안정하다는 마음은 사실상 같은 동기다. 사실 당신이 안정을 바란다는 것은 불안정하다고 생각하기 때문이다. 하나에서 분리된 안정/불안정은 상호의존성의 법칙을 충실히 따른다. 그러면 당신이 두 세계 중에 무엇을 선택해도 결과는 늘 경제적으로 불안정하게 된다. 돈이 많고 적음의 문제가 아니다. 돈이 아무리 많아도 마음이 분리되어 있으면, 늘 불안정하다고 느끼기 때문이다. 그래서 당신이 원하는 것을 얻으려는 동기가 어떻든지 상관없이 당신의 의도와 정반대로 결과가 현실로 나타나는 것이다.

당신의 인생에 달갑지 않은 누군가가 있다면, 그 사람은 당신 스스로가 만든 것이다. 누군가와 갈등이 생겼다면, 그건 그 사람 때문이 아니다. 돈이 없는 것도, 회사가 나쁜 것도, 건강이 좋지 않은 것도 모두 당신의 멘탈이 상호의존성을 따르기 때문이다. 이런 당신의 마음이 외부로 투영되어 만들어진 결과를 '인연과보因緣果報'라고 한다.

당신의 현실은 모두 당신의 마음을 비치는 거울이다. 거울을 보면 자신이 보이듯이, 당신의 현재 모습을 보면 당신의 마음이 어떤 상태인지 알 수 있다. 당신의 현재 모습은 과거에 당신이 했던 생각의 결과다. 그래서 당신 인생의 모든 상황과 문제들은 모두 100% 자신의 책임이다. 그렇다고 부담을 갖지 마라. 자신의 책임이란 말은 자신이 모든 것을 바꿀 수도 있다는 말이기도 하다. 그래서 당신이 원하는 것을 이룰 자격도 당신에게 주어졌다.

당신이 생각의 한계를 벗어나려면, 멘탈을 리셋하라. 당신의 멘탈을 태양의 입장으로 리셋이 되면, 당신의 현재 상황과 환경은 완전히 바뀔 것이다.

불안, 현재로부터의 도피

모든 시간이 곧
지금 이 순간이다.

– 단테 Dante

　당신의 마음이 삶/죽음으로 분리되면, 삶은 곧바로 죽음을 끌어들인다. 그러면 당신의 삶은 죽음의 공포와 함께 살아가게 된다. 왜냐하면 마음이 삶/죽음으로 분리되면, 삶이 대개 탄생에서 시작해서 죽음으로 끝난다고 생각하기 때문이다.

　게다가 당신은 죽음이 무엇인지 모른다는 것이 죽음의 공포로 더 몰아넣는다. 신기한 것은 어린아이는 죽음을 알지 못해서 공포가 없지만, 어른이 되면 죽음을 알지 못해서 공포가 생긴다. 왜 그럴까? 그것은 어린아이의 마음은 삶과 죽음의 분리가 없지만, 어른의 마음은 삶/죽음이 분리되어 있기 때문이다.

　그래서 노자는 "덕이 두터운 사람, 즉 도를 지닌 사람의 모습은 갓난아이와 같다含德之厚者, 比於赤子."고 했다. 나아가 노자는 갓난아이는 "독충이나 독사도 물지 않고 사나운 새나 맹수도 해치지 않는다蜂蠆虺蛇不螫 攫鳥猛獸不搏."라고 한다. 예수도 "어린아이처럼 되어야

천국에 들어갈 수 있다."[25]라고 했고, 불교에서도 어린아이를 '천진
불天眞佛'이라고 한다. 맹자도 "대인大人이라는 것은 어린아이와 같
은 순결한 마음을 잃지 않는 자다."[26]라고 했다.

죽음의 공포는 죽어야 끝난다

당신은 건강하게 오래 사는 것을 원한다. 당신이 건강에 신경을
쓰는 이유는, 병에 걸리면 죽는다고 생각하기 때문이다. 다시 말해
당신이 건강에 신경을 쓴다는 말은, 그만큼 죽음을 두려워하고 있
다는 말과 같다. 이처럼 당신이 삶을 집착할수록, 그만큼 죽음은
더 두렵게 느껴지게 된다.

이런 죽음의 공포가 당신과 우주가 분리되어 있고, 세상 일부분
이라고 생각하게 하는 핵심이다. 죽음에 대한 이런 근원적인 공포
감, 삶/죽음의 상호의존성을 이해하고 수용하는 일을 불가능하
게 만든다. 그 결과 당신이 살아 있는 동안에는 죽음의 공포에서
절대로 벗어날 수 없다. 아이러니하게도 죽음의 공포는 당신이 죽
어야 끝이 나게 된다.

그래서 당신은 살아있는 동안에는 끊임없이 죽음의 공포를 느낀

---

25 마태복음 18장 3절
26 《맹자》, 이루편. 《맹자》를 보면 대인이란 모르는 것이 없고, 능하지 못한 것이 없는 이를테면 전지전능한
  사람이라고 풀이하고 있다. 그리고 대인이 될 수 있는 길은 외물外物의 유혹을 받음이 없이 그 순결하고
  거짓이 없는 본연의 마음을 온전히 하고, 이것을 확충시켜 나가는 데에 있다고 한다.

다. 그런 죽음의 공포는 필연적으로 불안을 낳는다. 왜 그럴까? 당신의 마음이 과거/현재 또는 현재/미래로 분리되어 있기 때문이다. 그러면 당신은 현재보다 멋진 미래의 모습을 그린다. 그 그림의 밑그림은 과거의 기억이 이미 그려놓았다. 당신이 미래의 멋진 모습을 생각하는 이유는 죽음의 공포를 벗어날 수 있다고 착각하기 때문이다.

그런데 당신이 생각하는 미래의 모습과 현재의 모습은 너무나 큰 차이가 있다. 당신이 그린 미래의 멋진 모습에 비해 초라한 현재의 모습은 당신을 불안하게 만든다. 이렇듯 당신의 마음이 과거/현재 또는 미래/현재로 분리되면, 그 사이에서 불안이 생겨난다. 그러면 당신은 도끼로 자신의 발등을 찍듯이, 자신이 만든 불안을 자신이 없애려고 한다.

이제 당신은 미래의 멋진 모습이 되려고 잠시도 가만히 있지 못한다. 당신이 일하고 있든지 쉬고 있든지, 젊든지 늙든지, 상관이 없다. 심지어 평생 써도 남을 돈이 있어도 돈을 더 벌려고 안간힘을 쓴다. 돈을 더 많이 벌고 싶어서가 아니다. 당신이 무엇을 하고 있지 않으면 불안하기 때문이다.

이제 당신이 불안을 해소하는 유일한 방법은 미래의 멋진 모습이 되는 방법뿐이다. 그래서 당신은 끊임없이 뭔가에 집착한다. 일이나 취미에 집착한다든지, 술이나 음식에 집착한다든지, 책이나 배움에 집착한다든지, 섹스나 약물에 집착한다든지, 게임이나 도박에 집착한다든지, 집착하는 모든 것은 불안을 해소하려는 방법들이다. 결국, 당신은 존재하지도 않은 불안을 스스로 만들어 가만히 있지를 못하고, 무엇인가를 끊임없이 집착하다가 죽는 것이다.

여기서 중요한 사실은 당신이 미래의 모습을 달성하더라도 그 미래는 현재가 되고, 그 현재는 다시 미래의 모습과 분리되면서 계속해서 불안을 느낀다는 것이다. 이것이 당신의 삶에서 불안이 사라지지 않는 이유다.

당신이 불안을 사라지게 하려면, 멘탈을 미래의 모습이 이미 이루어진 현실로 받아들이도록 리셋하는 것이다. 그것이 당신의 마음이 과거/현재 또는 현재/미래로 분리되지 않는 방법이다.

그런데 삶/죽음의 분리는 밤/낮처럼 단순한 상호의존성에 불과하다. 자아의 교묘한 속임수일 뿐이다. 그런데도 당신은 여전히 삶/죽음이 분리되어 있다고 생각한다. 당신의 마음이 과거/현재 또는 현재/미래가 분리되어, 삶을 시간적 연속의 관점에서 벗어나지 못하기 때문이다.

당신은 미래를 생각하면 마치 미래는 끝이 없이 영원한 것으로 착각한다. 미래의 자신을 생각하면 꿈을 꾸듯, 영원히 살 수 있다고 생각한다. 당신은 꿈속에서 무엇을 찾아 헤매듯, 미래 속에서 무엇이 된, 무엇을 소유한, 무엇을 이룬 멋진 당신을 만나고 싶어 한다. 그래서 당신의 오늘은 늘 내일, 또 내일 그리고 또 내일을 원한다. 그에 비해 당신은 초라한 현재의 모습은 원하지 않는다. 오늘을 원하지 않기 때문에, 오늘은 덧없이 흘러가 버린다. 그래야 내일이 더 빨리 온다고 생각하기 때문이다. 그러나 그 내일 역시도 덧없이 흘러가 버린다.

당신이 죽음의 공포에 구속되는 순간, 몽유병자가 되어 버린다. 몽유병자가 꿈에서 깨야만 현실을 인식할 수 있듯이, 삶/죽음은 동전의 양면처럼 상호의존적 관계라는 사실을 깨달아야만, 죽음의 공포에서 벗어날 수 있다.

삶/죽음, 더 적절하게 탄생/죽음은 현재를 바라보는 서로 다른 관점에 지나지 않는다. 왜 그럴까? 과거가 없다는 말은 지금 막 태어났다는 뜻이다. 즉, 탄생이란 어떤 과거도 보유하지 않은 상태를 말한다. 반대로 미래가 없다는 말은 지금 막 죽었다는 뜻이다. 즉, 죽음이란 어떤 미래도 갖고 있지 않은 상태다.

그래서 현재는 지금 막 태어난 동시에 지금 막 죽었다는 뜻이다. 다시 말해서 현재는 과거와 미래가 없다는 것이다. 이렇듯 삶(탄생)/죽음은 단지 현재라는 비시간적 순간을 바라보는 두 가지 다른 방식에 지나지 않는다. 이것이 태양의 입장에서 바라보는 삶과 죽음이다.

하지만 당신이 죽음이라는 환상을 받아들일 수 없어서, 삶에 끝없이 집착한다. 그런데 당신이 삶을 집착할수록, 죽음은 더 두렵고 무섭게 느껴진다. 그러면 "필사즉생 필생즉사必死卽生 必生卽死"라는 말처럼, 죽음을 받아들이는 사람은 살고, 살고자 삶에 집착하는 사람은 죽게 된다. 다시 말해 당신이 죽음을 두려워하지 않는다면, 죽음의 공포로 인해 발생한 모든 불안은 즉시 사라질 것이다. 반대로 당신이 죽음을 두려워한다면, 두려워하지 않는 것조차 모두 두

렙게 될 것이다.

그래서 인간에게 있어 최대의 미혹은 삶에 대한 집착이다. 사실 삶에 집착하지 않으면, 죽음이 끼어들 여지가 없다. 하지만 당신이 죽음에 대항하며 삶을 전쟁터로 만드는 데 스스로 앞장을 서고 있다. 우주가 이런 당신을 보고 있다면, 얼마나 우스울까. 당신이 죽음을 받아들이지 않으면, 당신은 죽음의 본능을 특이하게 병적인 것으로 바꾸어버린다. 그 결과는 삶에 대한 부정이다. 이것이 삶/죽음의 분리가 낳은 필연적인 모순이다. 그러면 삶을 자포자기하고 세상을 회의적으로 바라본다. 그래서 자연에서 오직 인간만이 스스로 자신을 죽이는 결과를 가져올 수 있는 것이다.

미래를 걱정하지 마라

자연에도 삶과 죽음은 있지만, 그런 것은 걱정할 문제가 아니다. 자연은 인간처럼 죽음을 끔찍한 공포로 여기지 않기 때문이다.

내가 어렸을 때 집에서 키우던 누렁이는 아프면 낑낑거리지만, 아프지 않으면 아무 걱정도 하지 않았다. 게다가 누렁이는 인간과 달리 죽음에 대해 아무런 걱정이 없다. 누렁이는 어느 날 죽음을 맞이할 때, 개집 안에서 웅크리고 평온하게 죽음을 맞이했다. 누렁이는 죽음을 두려워하지도 무서워하지도 않는다.

위대한 철학자 플라톤Plato은 "철학이란 죽음에 대한 연습"이라고 했듯이, 죽음도 하나의 삶처럼 그냥 받아들이라고 한다. 따라서 당신이 죽음에 대한 공포에서 벗어나려면, 탄생을 받아들였듯이 죽음도 받아들이라고 한다. 말은 쉽지만 가장 어려운 일이다.

당신이 두려워하는 죽음의 공포를 자세히 살펴보면, '죽는다.'라는 전제가 이미 되어 있다. 당신이 문제를 문제라고 전제하지 않으면 문제가 아니듯이, '죽는다.'라는 전제가 사라지면 죽음을 순순히 받아들이게 된다. 그러면 죽음의 공포가 사라지는 동시에 불안도 저절로 사라진다.

삶의 목표는 죽음이지만, 죽음의 목표는 삶이다. 이렇듯 삶/죽음은 상호의존적인 관계일 뿐이다. 고대 그리스 철학자 헤라클레이토스Heraclitus of Ephesus는 "삶과 죽음, 깨어 있는 것과 잠자는 것, 젊음과 늙음은 우리 안에서 같은 것이다."라고 주장했다. 그래서 죽음은 삶의 한 형태이며, 죽음은 삶 속에 내재하는 것이다.

고대 그리스 철학자 에피쿠로스Epikouros는 이렇게 말했다.

"죽음은 나에게 아무것도 아니다. 내가 살아 있는 한 죽음은 없고, 죽음이 나를 찾아왔을 때는 나는 이미 사라지고 없다. 따라서 내가 살아 있든 죽었든 간에 죽음은 나와 무관하다."

결국, 삶/죽음을 초월하여 태양의 입장에서 보면, 사는 것이 곧 죽는 것이고 죽는 것이 곧 사는 것이다. 하지만 당신은 삶/죽음이 상호의존적 관계이며 하나라는 사실을 깨닫지 못해서, 죽음으로부터 미친 듯이 도망치는 삶을 살아가고 있다.

우주는 당신이 원하는 미래의 모습을 이미 이루어놓고 가져가기를 원하고 있다. 하지만 당신이 그것을 믿지 못해서 자신의 그림자를 보고 자기가 놀라듯, 스스로 불안을 만들어 떨고 있는 것이다.

당신은 지금까지 여러 시련이나 고난들이 있었어도, 어떻게든 해결하며 살아왔다. 당신이 원하는 미래의 모습이 이미 이루어져 있듯이, 모든 문제의 해결책도 이미 존재하고 있다. 그러니 미래에 있을지도 모를 시련이나 고난 때문에, 마음을 졸이지 마라.

당신이 좋지 않은 상황이나 환경에 처해 있다고 해서, 주저앉아 슬퍼하거나 용기를 잃지 마라. 다시는 좋은 상황이나 환경이 될 수 없을 만큼, 철저히 잘못된 상황이나 환경에 처한 사람은 아무도 없다. 영화의 끝 장면을 봐야 중간에 있었던 사건들이 이해가 되듯이, 어떤 일이든지 그 나름의 이유가 분명히 있는 것이다. 당신에게 일어나는 일이 성공이든 실패든, 그 일들은 모두 당신이 원하는 것을 이루기 위한 과정이라는 사실을 잊지 마라. 그러니 너무 조급하게 문제를 해결하려고 하지 마라. 그것은 욕심이다. 어떤 문제든지 닥치면, 해결할 수 있는 시간은 충분하다. 나아가 해결할 방법도 이미 존재하고 있다.

아무리 엄청나게 보이는 시련과 고난이라도 멘탈을 태양의 입장으로 리셋하는 사람이라면, 그 시련과 고난이 가까이 다가왔을 때, 정작 시련과 고난이 사라져버리거나, 시련과 고난을 넘거나, 시련과 고난을 피해갈 길이 저절로 나타나는 것을 경험하게 될 것이다. 아무리 복합적인 문제나 장애도, 원하는 것을 얻기 위해 멘탈을 리셋하는 사람의 앞길은 막을 수는 없다. 그래서 멘탈을 리셋하는 사람은 원하는 것이 무엇이든 얻지 못하는 일은 없다. 이것은 사칙연산(1+1, 1-1, 1×1, 1÷1)과 같이 늘 정확하다는 것을 명심하라.

당신이 원하는 것이 무엇이든 이루는 지름길은 미래의 기대가 아니라, 지금 행복을 느끼는 것이다. 그러려면 먼저 삶/죽음이 상호의존적인 관계이며, 하나라는 사실을 깨달아야 한다. 다음으로 당신의 멘탈을 원하는 미래의 모습이 이미 이루어져 있는 현실로 받아들이도록 리셋해야 한다. 이 방법들이 불안을 없애고, 마음을 편안하게 만들어 당신이 원하는 것을 이루는 가장 빠른 길이다.

그렇다면 당신은 지금 행복한가? 당신이 지금 행복을 느끼고 있다는 것은, 과거/현재 또는 현재/미래가 분리되지 않았다는 증거다. 이렇듯 현재가 편안한데 공포가 어디 있겠으며, 불안은 또 어디 있겠는가.

갈등, 두 세계의 투쟁

누가 옳고 누가 그른가. 모두가 꿈속의 일인 것을.
저 강을 건너면, 누가 나이고 누가 너인가.

- 경허 鏡虛 스님

　사회적 동물인 인간이 산다는 것은 서로 관계를 맺는다는 것이다. 인간은 혼자 고립돼서 살 수는 없다. 사실 눈에 보이지만 않을 뿐이지, 세상의 모든 것들은 서로가 연결되어 있다. 왜냐하면 에너지(미립자)가 세상 만물의 재료이고, 겉모습이 다른 수많은 것들은 에너지가 표출된 것이기 때문이다. 즉, 세상 만물은 하나의 에너지 체계 안에서 모두 연결되어 있다.

　하지만 당신의 마음이 두 개의 세계로 분리되면, 곧바로 그 연결은 끊어지게 된다. 그러면 당신은 자신이 만든 상자 안으로 스스로 걸어 들어가 갇히게 된다. 그 순간부터 당신은 나/너, 나/세상 등의 분리된 시각으로 사물과 상황을 바라보게 된다. 그 결과 상자에 갇힌 당신은 다른 사람의 처지나 입장을 고려하지 않고, 자기중심적인 시각으로 다른 사람을 평가하고 판단한다. 서양 동화《핑크대왕 퍼시Percy the Pink》처럼 핑크색 안경을 끼고 세상을 보면 모두 핑크색이듯이, 자신만의 안경을 끼고 세상을 바라보고 이해한다.

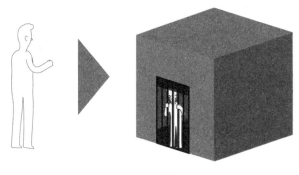

그림 3-5. 상자 밖과 안

상자 안에 갇히면 갈등이 시작된다

당신이 상자 안에 갇히면 다른 사람에 대해서 객관적으로 명확하게 판단할 수 없을 뿐만 아니라, 자기 자신조차도 객관적으로 보지 못하게 된다. 당신의 멘탈이 상호의존성의 법칙을 충실히 따르고 있기 때문이다. 그래서 자신이 한번 옳다고 생각하는 것은 양보가 없다. 게다가 당신이 다른 사람보다 우월하거나 잘하는 점이 있으면, 극도로 자신에 대한 과시와 자긍심에 넘쳐난다. 반면에 당신이 다른 사람보다 열등하거나 뒤처진 점이 있으면, 지나치게 풀이죽거나 자기비하를 한다.

그러면 당신은 독불장군이 되거나 고집쟁이가 되어 사회생활에 잘 적응하지 못하게 된다. 한마디로 상자 안에 갇히면 자신만의 세계에 빠져 살아가는 나르시시스트narcissist27가 된다. 그럼에도 당신은 독불장군이고 고집쟁이고 자기애自己愛, self-love가 강하다는 사실을 인정하지 않는다. 당신이 상자 안에 갇히면 자기 자신을 객관적으로 보지 못하기 때문이다. 그래서 당신이 자기 자신을 잘 알 것 같지만, 오히려 다른 사람이 당신을 더 잘 아는 이유가 여기에 있다.

> 모든 것을 알아도 자신에 대해서 모르는 자는 무지한 자이니라.
>
> -도마복음 67장

당신이 상자 밖에서는 태양의 입장으로 다른 사람을 있는 그대로 보지만, 상자 안에서는 지구의 입장에서 분리된 시각으로 다른 사람을 바라보게 된다. 이해하기 쉽도록 예를 하나 들어보자.

당신이 퇴근해서 집에 들어왔다. 집 안이 여러 가지 물건들로 엉망이다. 당신은 아내에게 물건을 정리하라고 말했다. 이때 당신의 멘탈을 살펴보면, 당신이 스스로 상자 안에 갇혀 상호의존성의 법칙을 충실히 따르고 있다는 사실을 알 수 있다. 당신의 자아가 나/아내를 분리하여 당신의 생각과 느낌들을 동일시하면, 당신은 무

---

27 나르시시스트는 나르시시즘narcissism 또는 자기애적 사람을 일컫는 정신분석학적 용어다. 물에 비친 자신의 모습에 반해서 물에 빠져 죽었다는 그리스 신화에 나오는 나르키소스의 이름을 따서 독일의 네케가 만든 용어다. 자신의 외모, 능력과 같은 어떠한 이유를 들어 지나치게 자기 자신이 뛰어나다고 믿거나, 아니면 사랑하는 자기중심적 성격 또는 행동을 말한다. 대부분 청소년들이 주체성을 형성하는 동안 거쳐가는 하나의 과정이기도 하며, 정신분석학에서는 보통 인격적인 장애증상으로 본다

슨 일을 하든 상관없이 당신의 생각과 행동은 무조건 정당하게 된다. 그러면 반대로 아내는 물건을 정리하지 못한 행동에 대해 지적받아 마땅한 사람이 된다. 이제부터 당신이 자신을 보는 시각은 항상 긍정적인데, 아내를 보는 시각은 늘 부정적이 된다.

이렇게 당신이 상자 안에 갇히면, 두 세계는 갈등이 생기고 투쟁이 시작된다. 그러면 당신의 장점은 높이고 아내의 결점을 부풀린다. 이제부터 아내는 비난과 비판을 받아 마땅한 사람이 되었다. 중요한 사실은 당신뿐만 아니라 아내도 상자 안으로 스스로 걸어들어간다는 것이다.

이제 당신의 주요 관심사는 당신에 대한 다른 사람의 생각을 알고 싶어 한다. 다른 사람으로부터 당신의 생각과 행동이 정당하다는 것을 인정받고, 아내의 생각과 행동은 잘못된 것이라고 확인받고 싶기 때문이다. 이렇게 갈등의 서막이 열리고 두 세계의 투쟁이 시작된다.

당신이 자신을 보는 시각	당신이 아내를 보는 시각
성실한	게으른
자상한	인정 없는
배려하는	감사할 줄 모르는
피해자	가해자
진실한	속이는
좋은 남편	나쁜 아내

표 3-2. 상자 안의 시각

당신이 상자 안에 갇히면 다른 사람들이 좋은 사람으로 생각해주기를 바라고 인정해주기를 바란다. 그러나 당신에 대한 평판은 당연히 좋은 것도 있고, 나쁜 것도 있게 마련이다. 사람들은 상대방에 대해 좋은 평가보다는 나쁜 평가가 더 많이 한다. 멀리 갈 것도 없다. 당신도 다른 사람에 대해 좋은 평가보다는, 나쁜 평가를 더 많이 하지 않았는가. 왜냐하면 상대방의 평가가 좋지 않아야 당신이 더 돋보이고 인정받을 수 있기 때문이다. 그래서 당신 또한, 좋은 평가를 받는 경우보다, 그것과 완전히 상반된 평가를 받는 것이 일반적이다. 이것이 상호의존성이 지닌 당신이 스스로 상자 안으로 걸어 들어가서 겪는 필연적인 현실이다.

이러함에도 불구하고 당신이 평판이나 평가 따위에 신경 써서 착한 사람처럼 행동하거나, 다른 사람들에게 괜한 분노나 원망을 가지는 것은 어리석은 짓이다. 왜냐하면 당신이 상대방을 미워하면, 당신도 상대방으로부터 미움을 당하기 때문이다. 그래서 세상의 모든 관계는 가는 말이 고와야 오는 말이 곱고 오는 말이 고와야 가는 말도 곱듯이, 주는 것이 곧 받는 것이고 받는 것이 곧 주는 것이다.

역지사지하면 상자 밖으로 나온다

사회에서 대립이나 갈등 심지어 투쟁이나 폭력이 발생하는 것은 우리가 상자 안에 갇혀 상호의존적인 관계를 맺고 있다는 반증이다. 즉, 사람들은 서로가 '자신은 옳고(좋고), 상대는 그르다(나쁘다)'고 생각하는 것이다. 이해가 쉽도록 예를 하나 들어보자.

지리산은 3개도(전라남북도, 경상남도), 1개 시(남원시)와 4개 군(구례군, 함양군, 산청군, 하동군)에 속한 거대한 산이다. 먼저 사람들은 자신이 사는 지역을 한 번도 벗어난 적이 없었다고 가정해보자. 경상도 사람들은 지리산이 서쪽에 있다고 하고, 전라도 사람들은 지리산이 동쪽에 있다고 한다.

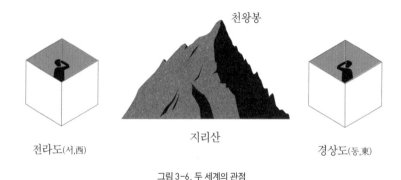

그림 3-6. 두 세계의 관점

누구의 말이 옳은 것일까? 지리산은 도대체 어디에 있는 것일까? 이 문제를 해결하려면 두 가지 방법이 있다. 먼저 모두 한곳에 모여서 함께 지리산의 정상인 천왕봉을 바라보든가, 아니면 서로가 상대방이 있는 쪽으로 가서 천왕봉 바라보면 해결이 된다. 중요한 것은 지리산은 어디에 있는가가 아니라, 자신의 위치에 따라 달라진다는 것이다.

이렇듯 '옳음'/'그름'은 상호의존적인 관계에서 비롯된 상대적인 개념이다. 그래서 누구나 자신의 입장(관점)에서 보면, 자신은 모든 것이 옳고 상대방은 모두 그른 것이다. 이를테면 부자/빈자, 보수/진보, 그리스도교/불교, 남한/북한, 한국인/일본인과 같이 다른 모든 것들도 마찬가지다. 이것이 상자 안에 갇혀 지구의 입장으로 세상을 바라보는 방법이다.

그래서 당신이 상자 안에 갇혀 무언인가를 말하면, 늘 자신의 주관적인 의도나 상황이 개입되어 완전한 대화는 있을 수 없다. 당신의 입장에 따라 관점이 달라지고, 상호의존적인 언어를 사용하기 때문이다. 이를테면 밤이라는 언어가 있으려면, 낮이라는 언어도 있어야 한다. 이렇듯 상호의존적인 언어 속에는 둘을 포함하지 못하기 때문에, 어느 정도 왜곡이 늘 포함된다. 나아가 당신은 자신의 경험으로 쌓아 올린 상호의존적인 지식, 즉 편견 안에서 판단한다. 그러면 당신은 다른 사람들과는 소통하기 어렵게 된다. 이것이 당신이 다른 사람들과 갈등이 생기는 원인이다.

공자의 '비밀'은 아주 단순하다. 한마디로 '역지사지易地思之'다. 즉, 당신의 입장(지구의 입장)에서 탈출해 상대방의 입장(태양의 입장)에서 자신을 보라는 것이다. 즉, 당신이 역지사지하면 상자 밖으로 스스로 걸어 나올 수 있다. 다시 말해 당신의 멘탈이 상자 밖으로 나와 태양의 입장으로 리셋이 되면, 지구의 입장에서 '나는 옳고(좋고), 상대방은 그르다(나쁘다)'는 생각이 전혀 근거가 없는 것임을 깨닫게 된다. 그 순간 모든 문제는 저절로 사라지게 된다.

또한, 당신이 무엇에 대해서 말할 때는 상대방을 가르치려고 하거나, 당신의 생각을 강요하지 말아야 한다. 강요는 상대방을 자신의 뜻대로 움직이려는 의지에서 나온다. 사실 어떠한 선한 의도라도 다른 사람에게 자신의 뜻을 강요하면, 상대방은 거부감을 가지게 된다. 그러면 당신의 의도와 정반대로 결과가 나온다. 상대방은 당신의 의도를 알아버렸거나, 오해해 거부감이 생겨 당신을 멀리하고 싫어하게 된다. 그러면 당신 또한, 상대방에 대한 기대가 실망으로 바뀌어 상대방을 싫어하게 된다. 상대방도 마찬가지다. 당신이 자신을 싫어하는데, 당신을 어찌 좋아할 수 있겠는가. 서로가 증오하는 사이가 된다. 이것이 당신이 누구보다도 잘해준 사람이 나중에는 가장 질긴 악연이 되는 경우이다. 특히, 가족 간에 불화가 생기면, 다시 화합하기가 무척 어려운 것도 이와 같은 이유다.

상대방을 있는 그대로 존중하라

당신의 뜻대로 상대방이 행동하기를 원한다면, 의지를 사용해서는 안 된다. 당신이 누군가에게 무언가를 가르칠 수는 없다. 생각해보라. 당신은 누군가의 가르침을 받은 것 같지만, 사실은 당신 스스로 깨달은 것에 불과하다. 누구도 다른 사람을 가르칠 수는 없다. 그러니 당신이 말을 했는데 상대방이 받아들이지 않으면, 생각하도록 놔둬야 한다. 상대방을 가르치거나 강요하면, 당신의 의도와 정반대의 결과를 낳는다.

당신이 논쟁을 해서 상대방을 굴복시켰다고 생각하는 것은 잘못된 태도다. 논쟁은 이미 당신과 상대방이 모두 상자 안에 갇혀 있다는 말과 같다. 상대방과 논쟁을 해서 이기려고 하지 말고, 그저 듣기만 하라. 그저 듣기만 한다고 상대방 의견에 굴복하는 것은 아니다. 상대방이 반박하는 중에 자기 이야기에 잘못이 있다는 것을 스스로 알아차릴 때까지 그냥 듣고 있어야 한다.

당신이 상대방의 말을 들을 때는 당신의 모든 선입견과 주관적인 견해가 없어야 한다. 옳고 그름이나 좋고 나쁨에 관심을 두지 마라. 상대방을 있는 그대로 수용하라. 상대방이 변하기를 원한다면, 그 사람을 보는 당신의 멘탈을 먼저 상자 밖으로 걸어 나오도록 리셋하라. 당신이 상대방을 있는 그대로 보고 존중할 때, 상대방은 말하지 않아도 자동적으로 당신이 원하는 대로 움직인다.

또한, 어떤 말을 들을 때 당신의 생각을 개입해서는 안 된다. 상대방의 말을 듣는 것 같지만, 실제로는 자기 자신의 견해를 듣고 있는 경우가 많다. 이를테면 어떤 사람이 말하는 것이 당신의 생각과 같으면 받아들이지만, 다르면 거부하거나 들으려고 하지 않는 것이다. 이것이 당신이 다른 사람의 말을 들을 때 빠지기 쉬운 상자 안의 함정이다.

이 함정에서 벗어나는 유일한 방법은, 당신이 상자 밖으로 스스로 걸어 나오도록 멘탈을 리셋하는 수밖에 없다. 중요한 사실은 이 세상의 어느 누구도 당신을 상자 밖으로 걸어 나오게 할 수는 없다는 것이다. 신조차도 할 수 없다. 오직 당신 스스로 상자 밖으로 걸어 나올 수 있다. 그렇지 않고 당신이 상자 안에 갇혀 선입견이나 편견으로 가득 찬 멘탈을 가지고 있으면, 다른 사람의 말을 왜곡해서 듣기 때문에 있는 그대로 받아들일 수가 없다.

> 깨닫지 못하면 부처가 곧 중생衆生이요, 한순간 깨달으면 중생이 곧 부처다.
>
> —혜능慧能, 《육조단경六祖壇經》

당신이 상자 안에 갇혀 문제를 바라보는 시각이 달라지지 않는다면, 작은 갈등 하나조차도 해결할 수 없다. 예를 하나 들어보자.

당신은 과거에 상처를 줬던 사람을 원망하고 미워하고 있다. 그러면 당신이 상대방을 바라보는 시각이 변하지 않는다면, 상대방은 여전히 당신에게 상처를 줬던 가해자이고, 당신은 여전히 상처를 받은 피해자일 뿐이다. 그래서 당신은 상대방을 생각하면 화가 나고, 억울한 마음이 들고, 나아가 복수를 꿈꾸게 된다. 그럼에도 상대방을 용서하려고 애를 쓰거나, 화가 나는 마음을 억누를 수는 있겠지만, 그것도 잠시뿐이다. 시간이 지나면 지날수록 더 많이 화가 날 것이다. 당신이 의지로 하는 행위들은 당신의 의도와 정반대의 결과를 만들기 때문이다.

하지만 당신이 멘탈을 상자 밖으로 걸어 나와 태양의 입장으로 리셋하고 갈등관계를 바라보면, 문제는 즉시 해결될 수 있다. 그렇다면 어떻게 상자 밖으로 나올 수 있을까? 어떻게 하면 멘탈이 태양의 입장으로 변할 수 있을까? 역지사지해보라. 이렇게 당신이 상처를 받은 것이 상대방 때문이 아니라, 상자 안에 갇힌 당신 자신 때문이라는 사실을 알게 되면, 상황을 바라보는 관점이 완전히 변화하기 시작한다. 이 시선의 변화가 원망과 미움을 자연스럽게 사라지게 할 것이다.

세상에 태양의 입장과 견줄 것은 없다. 태양의 입장은 당신이 싫어하는 일은 다른 사람에게 하지 말고, 당신이 대우받고 싶은 대로 다른 사람을 대하라는 것이다. 이처럼 당신이 멘탈을 상자 밖으로 걸어 나와 태양의 입장으로 리셋하면, 다른 사람들과의 관계를 완전히 바꿀 수 있다.

질병, 불균형의 결과

미래의 의사는 환자에게 약을 주기보다
환자가 자신의 체질과 음식, 질병의 원인과
예방에 관심을 갖도록 할 것이다.

– 에디슨

당신의 몸은 왜 병이 생기는 것일까? 우주는 질병에 대해서는 어떤 것도 알지 못한다. 또 우주는 한계도 없어 불치병이란 것도 있을 수 없다. 왜냐하면 우주는 완벽하기 때문이다. 그리고 하나님의 형상대로 창조한 인간도 완벽한 존재이다. 그래서 당신 몸의 모든 기관들은 우주의 완벽함을 지니고 있다.

하지만 당신의 마음에서 완벽함이 건강/질병으로 분리되면, 몸은 불완전한 상태가 된다. 즉, 자아가 완벽한 몸을 두 개의 세계로 분리하면, 건강/질병이 동시에 탄생하게 된다. 그 결과 당신이 건강을 관리하면 할수록, 질병을 더 두려워하게 되었다. 질병에 대한 두려움이 무의식에 주입되면, 실제로 질병이 나타나거나 건강 염려증으로 발전한다. 게다가 질병에 걸리지 않으려고 관리하면 할수록 질병은 더 많이 생겨난다. 왜냐하면 당신의 인위적인 행위들은 더 많은 문제들을 만들기 때문이다. 이것이 질병을 일으키는 원인이다.

하지만 현대 의학은 이런 원인을 모르기 때문에 병을 완벽하게 치료하지 못하고 있다. 그래서 인간을 고장난 부품은 가차 없이 바꿔버리는 기계처럼 치료한다. 그 무자비한 치료는 단지 병을 지연시키고 있을 뿐이다. 그 결과 의학이 발전할수록 환자가 줄어야 맞지만, 오히려 환자는 더 증가하는 이상한 일이 벌어지고 있다.

생각이 질병을 만든다

오늘날 풍향이 바뀌고 있다. 당신의 건강과 질병은, 그 원인을 마음의 일정한 속성에서 찾아볼 수 있다. 건강은 상호침투성의 결과이고, 질병은 상호의존성의 결과다. 그래서 당신이 겪고 있는 질병이 무엇이든 반드시 마음을 통하지 않으면 결코 나타날 수 없다. 질병은 육체 안에 모습을 드러내기 전까지는 마음 안에서 이미지로 존재하고 있다. 이것을 달리 말하면 당신이 완벽한 상태의 몸으로 스스로 되돌릴 수 있다는 것과 같다.

명심하라. 모든 질병은 결과일 뿐이다. 눈에 보이는 결과를 바꾸려면, 눈에 보이지 않는 원인을 바꿔야 한다. 질병이 사라지지 않는 이유는 숲을 보지 못하고 나무만 보듯이, 눈에 보이는 질병만을 치료하기 때문이다. 이것은 자연의 법칙에 대항하여 싸우는 어리석은 행동이다. 병에 대한 생각이 몸을 아프게 만들었지만, 완벽함에 대한 생각이 다시 몸을 치유할 것이다. 따라서 건강을 막는 당신의 멘탈을 리셋하면, 건강은 항상 당신과 함께 있었다는 사실을 깨닫게 될 것이다.

몸은 생각할 수 없다. 그래서 생각이 없는 시체나, 자연에서 사는 동물들은 질병에 걸리지 않는다. 결국, 생각이 없다면 병에 걸리는 일은 없다. 왜냐하면 병을 인식하고 느끼는 생각이 없다면, 육체 스스로는, 병에 걸릴 수가 없기 때문이다. 따라서 생각이 없다면 질병은 존재하지 않는다. 생각이 있어야만 질병도 모습을 드러낼 수 있다.

그래서 당신이 아프다고 생각만 해도 실제로 몸은 아프게 된다. 예를 들어 당신이 항상 흥분상태라면 신경과민이란 결과를 만들고, 당신이 항상 분노에 차 있다면 몸은 독성을 분비한다. 인간의 모든 질병은 모두 그런 식이다. 그래서 병의 원인이 되는 생각은 마음 어느 곳에선가 반드시 남아 있다. 당신의 생각을 분석해봄으로써, 어떤 생각이 병을 일으키는지 원인을 발견할 수 있다.

사람들은 흔히 만병의 근원을 스트레스라고 말한다. 그렇다면 스트레스가 생기는 원인을 알면, 질병을 일으키는 근원을 알 수 있는 것은 아닐까? 몸과 마음은 '심신일여心身一如', 즉 몸과 마음은 둘이 아니라 하나다. 몸과 마음은 원리나 작동하는 방법이 동일하다. 그래서 마음의 구조, 즉 멘탈을 리셋하면 몸의 상태도 바꿀 수 있는 것이다.

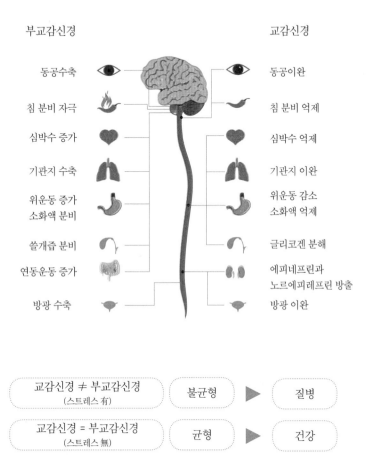

부교감신경		교감신경
동공수축		동공이완
침 분비 자극		침 분비 억제
심박수 증가		심박수 억제
기관지 수축		기관지 이완
위운동 증가 소화액 분비		위운동 감소 소화액 억제
쓸개즙 분비		글리코겐 분해
연동운동 증가		에피네프린과 노르에피레프린 방출
방광 수축		방광 이완

교감신경 ≠ 부교감신경 (스트레스 有)	불균형	▶	질병
교감신경 = 부교감신경 (스트레스 無)	균형	▶	건강

그림 3-7. 질병의 탄생

스트레스는 당신의 멘탈이 상호의존성을 따르면, 균형이 불균형 상태로 바뀌면서 일어나는 현상이다. 그리고 당신의 마음에 스트레스가 쌓이고, 불균형 상태가 지속되면 질병이 생긴다. 좀 더 자세히 알아보자.

인간에게는 두 개의 신경체계가 있다. 하나는 손발을 움직이거나 무언가를 보고 들을 때 사용하며, 의지로써 제어할 수 있는 동물성 신경이다. 또 하나는 인간의 생리활동을 관장하며, 자기 마음대로 조절할 수 없는 자율신경이다.

자율신경은 심장 고동, 혈압, 임파액의 순환, 소화흡수, 배설, 호르몬이나 효소의 작용 등을 지배한다. 자율신경은 서로 반대의 작용을 하는 교감신경과 부교감신경으로 이루어져 있다. 각 기관은 이들 두 개 신경의 팽팽한 상호작용에 의해 균형을 이루며 제 기능을 한다.

당신의 멘탈이 편하고 안정되어 있으면, 교감신경과 부교감신경은 정확하게 균형을 이루고 있다. 하지만 당신이 스트레스를 받으면, 교감신경과 부교감신경의 균형이 깨지면서 '스트레스성 질환'이 일어난다. 이것이 질병이 일어나는 근원이다.

스스로 치유하라

당신이 스트레스를 많이 받는다면, 욕심이 많다는 말과 같다. 욕심은 두 개의 세계로 분리되었을 때, 자아가 내 뜻대로, 내가 원하는 대로, 내가 하고 싶은 대로, 무엇이 되려고, 무엇을 소유하려고, 무엇을 이루려는, 나의 것에 주의와 집중하는 정도를 말하는 것이다. 이런 생각들이 많다면 욕심이 많다고 말하고, 이런 생각들이 적다면 욕심이 적다고 말한다. 그래서 욕심의 크기와 스트레스의 크기의 총량은 같다.

욕심을 일으키는 여러 가지 생각(스트레스)들이 조합되어, 특정 질병으로 나타난다. 그런 생각들을 사라지게 한다면 질병도 사라질 것이다. 당신은 어떤 사람이 당신을 치유했다고 생각하겠지만, 사실은 당신 스스로 치유한 것에 불과하다. 치유는 어떤 사람에 의해 몸을 새롭게 만드는 것도, 생각을 새롭게 하는 것도 아니다. 이미 있는 것이 아니라 새롭게 만드는 것이라면, 언젠가는 반드시 잃어버리기 때문이다. 그래서 치유는 당신 스스로 건강/질병을 분리하여 바라보는 멘탈을, 지구의 입장에서 태양의 입장으로 리셋하는 것이다. 다시 말해 질병이란 본래부터 없고 당신은 이미 완벽한 상태라는 것을 밝혀내는 것이다.

하늘은 스스로 돕는 자를 돕는다.

－새뮤얼 스마일즈Samuel Smiles, 《자조론Self Help》

당신의 생각은 당신의 몸을 통해 나타난다. 상호침투성의 상상은 건강으로, 상호의존성의 생각은 질병으로 나타난다. 예를 들어 당신이 "나는 아프다."라고 말하면, 그 즉시 당신의 생각을 통해 병에 대한 믿음이 생겨나게 된다. 계속해서 당신이 아프다고 할수록, 그 믿음은 확신이 된다. 그러면 병이 당신의 몸으로 나타나게 된다. 이렇게 당신 스스로가 당신을 아프게 했던 것처럼, 당신 스스로 치유해야만 한다. 당신 외에 누구도 당신을 치유할 수 없다는 사실을 명심하라.

그럼에도 당신이 자신을 아픈 사람으로 보고 있다면, 계속 아플 것이다. 당신이 질병을 생각하고 있는 동안에는 치유될 수 없다. 질병(결과)에 집중하기 때문이다. 질병이 있다는 생각을 버려라. 그렇지 않으면 결과만을 바꾸려 할 것이다. 결과는 원인을 결코 바꿀 수 없다. 질병의 원인은 몸이 아니라 생각이다.

그러니 당신의 멘탈이 건강하다는 상상만 하도록 리셋하라. 시도 때도 없이 시간이 있을 때마다 당신이 건강해진 최종 결과로부터 상상하라. 대신 의지가 들어가서는 안 된다. 상상이 생각으로 바뀌기 때문이다. 상상으로 원인을 바꾸면 결과는 저절로 바뀐다. 당신이 병의 원인은 정확히 모를지라도, 자신의 몸이 완벽하다는 것을 믿으면, 모든 질병을 치유할 수 있다는 사실을 명심하라.

자! 정리해보자.

질병은 육체적인 것이 아니라, 정신적인 것이다. 당신의 멘탈이 자극에 대해 상호의존성에 따라 선택한 반응(스트레스)이 쌓이면, 몸에 균형이 불균형 상태가 된다. 이것이 질병이다. 하지만 당신의 멘탈을 리셋하는 만큼 당신의 질병도 치유할 수 있다. 당신이 원하는 최종 결과로부터 상상은 몸 안에 불균형이 균형 상태가 되게 한다. 이때 당신에게 본래부터 병이 없다는 사실을 믿게 되고, 병도 치유될 것이다. 즉, 치유란 당신의 멘탈을 몸이 완벽한 균형 상태라는 것을 인식하도록 리셋하는 행위이자 기법이자 과학이다. 그래서 당신의 멘탈이 건강해진 최종 결과로부터 상상하고, 이미 건강해졌다고 믿으면, 건강은 현실로 반드시 나타날 것이다.

THE 'SECRET' SUMMARIES

◆ '비밀'은 사색한 사람의 몫이 아니라, 실천하는 사람의 몫이다. 멘탈을 리셋하는 사람은 원하는 것이 무엇이든 얻을 수 있다.

◆ 상상이 현실을 창조한다. 상상이 당신이 원하는 것을 담은 씨앗이기 때문이다. 상상의 힘을 발휘하려면, 의지를 가지고 노력하지 않아야 한다. 의지를 가지면 상상은 생각으로 바뀐다. 그러면 당신의 의도와 정반대의 결과가 현실로 나타난다.

◆ 당신이 의지 없이 상상하려면, 원하는 것의 최종 결과를 생각하는 것이 아니라, 최종 결과로부터 상상해야 한다. 최종 결과를 생각할 때는 현실에 없는 것처럼 느껴 의지가 생기지만, 최종 결과로부터 상상할 때는 현실에 이미 이루어져 있는 것처럼 느껴져 의지가 일어나지 않는다. 당신이 최종 결과로부터 의지 없이 상상할 때의 감정이, 우주와 공명을 일으켜 원하는 것을 현실로 끌어당기게 된다.

◆ 무의식이 의식을 이기듯이, 상상은 항상 의지를 이긴다. 의지로 하는 모든 일들은 부메랑처럼 당신의 의도와 정반대의 결과를 나오게

216

한다.

◆ 우주는 당신이 무엇을 원하는지를 정확히 알고, 이미 이루어놓고 가져가기를 기다리고 있다. 하지만 부의 공급과 기회가 제한되어 있다는 당신의 생각이 위대한 창조를 가로막고 있다. 그래서 생각의 한계만큼만 부는 들어온다.

◆ 우주는 실패란 없다. 경험의 입장에서 보면 성공과 실패는 같다. 당신에게 일어난 모든 일들이 성공으로 가는 과정이다. 문제와 해결책은 항상 함께한다. 그래서 어떠한 문제가 생겨도 어떻게든 해결이 된다.

◆ 당신에게 일어난 일이 아무리 실패처럼 보일지라도, 실패는 당신에게 더 큰 것을 주기 위한 것이거나, 성공이 현실로 나타나기 얼마 남지 않았을 때 찾아온다. 성공은 항상 불운이나 실패의 그늘에 숨어 은밀히 찾아온다. 따라서 성공이란 포기하지 않는 것이고, 실패란 포기하는 것이다.

◆ 우주에는 '결핍'이란 없다. 오직 '풍요'뿐이다. 그래서 당신이 원하는 것은 이미 이루어져 있다. 당신의 것을 당신이 가져오는 데 조급할 필요가 전혀 없다. 당신이 분주히 무엇을 열심히 노력한다고 해서 성공하는 것이 아니다. 소풍을 가듯 편안한 마음으로 기다려야 현실로 나타난다.

◆ 당신의 생각이 원인이고 현재 모습이 결과라면, 인생은 100% 자신의 책임이다. 그럼에도 당신이 아닌 외부에 책임을 떠넘기면, 현실은 계속해서 더 악화될 뿐이다. 당신의 책임이란 말은 당신이 모든 것을 바꿀 수도 있다는 말이기도 하다. 당신의 멘탈을 태양의 입장으로 리셋하면, 당신의 현재 상황과 환경은 완전히 바뀐다.

◆ 당신이 원하지 않는 것을 멀어지게 하려고 애를 쓸수록, 원하지 않는 것들을 더 끌어당기게 된다. 당신이 원하지 않는 것들과 멀어지게 하는 유일한 방법은, 당신이 원하는 것을 더 많이 얻는 것뿐이다.

◆ 영화의 끝 장면을 봐야 중간에 있었던 사건들이 이해가 되는 것처럼, 어떤 일이든지 그 나름의 이유가 분명히 있다. 당신은 지금까지 여러 시련이나 고난들이 있었어도, 어떻게든 해결하며 살아왔다. 막상 문제들이 닥쳐도 해결할 방법들은 나타나고, 해결할 시간도 충분하다. 당신이 원하는 것이 이미 이루어져 있듯이, 모든 문제의 해결책도 이미 존재하고 있다.

◆ 당신의 마음이 과거/현재 또는 현재/미래로 분리되면, 자동적으로 미래의 멋진 모습을 그린다. 그 그림의 밑그림은 과거의 기억이 이미 그려놓았다. 이렇게 당신이 그린 멋진 미래 모습에 비해 초라한 현재 모습은 당신을 불안하게 만든다. 하지만 당신이 미래의 모습을 달성하더라도 그 미래는 현재가 되고, 그 현재는 다시 미래의 모습과 분리되면서 계속해서 불안을 느낀다. 당신이 불안을 없애려면 먼저 삶/죽음이 상호의존적인 관계이며, 하나라는 사실을 깨달아야 한다. 그리고 당신의 멘탈을 원하는 미래의 모습이 이미 이루어져 있는 현실로 받아들이도록 리셋해야 한다.

◆ 당신이 상자 밖에서는 태양의 입장으로 다른 사람을 있는 그대로 보지만, 상자 안에서는 지구의 입장에서 분리된 시각으로 다른 사람을 바라보게 된다. 당신이 상자 안에 갇히면, 대립이나 갈등 심지어 투쟁이나 폭력 등이 발생한다. 당신이 역지사지하면, 상자 밖으로 스스로 걸어 나올 수 있다. 당신이 멘탈을 상자 밖으로 걸어 나와 태양의 입장으로 리셋하면, '나는 옳고(좋고), 상대방은 그르다(나쁘다)'는 생각이 전혀 근거가 없는 것임을 깨닫게 된다. 그 순간 모든 문제는 저절로 사라진다.

◆ 질병의 원인은 몸이 아니라, 생각이다. 당신의 멘탈이 상호의존성에 의해 스트레스를 받으면, 교감신경과 부교감신경의 균형이 깨지면서 스트레스성 질환이 일어난다. 이것이 질병이 일어나는 근원이다. 질병이 사라지지 않는 이유는, 눈에 보이는 질병만을 치료하기 때문이다. 당신이 멘탈을 리셋하면 질병도 치유된다.

◆ 치유란 당신의 멘탈을 몸이 완벽한 균형 상태라는 인식을 하도록 리셋하는 행위이자 기법이자 과학이다. 그래서 당신의 멘탈이 건강

해진 최종 결과로부터 상상하고, 이미 건강해졌다고 믿으면, 건강
은 현실로 반드시 나타난다.

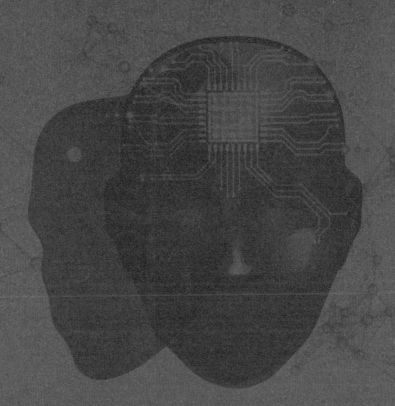

4부

멘탈을 리셋하는 방법

하늘에서 그러했듯 땅에서도 그러하리. 내면[원인]에서 그러했듯이
외부[결과]에서도 그러하리.

-에메랄드 서판

당신은 역사상 위대한 소수만이 알았던 '비밀'에 대한 모든 것을 알았다. 이제 당신은 이 '비밀'이 명확하고 보편적이며, 불변하고 영적이며, 절대적이고 완벽하기에 과학처럼 정확하게 작동한다는 사실을 확신할 것이다. 당신의 멘탈 상태가 원인이 되어 현실로 나타나고, 같은 원인은 항상 같은 결과를 만든다는 것이다. 그래서 당신이 결과(현실)를 바꾸려면, 원인(생각과 기억)을 바꿔야 한다. 이제 당신은 원인을 바꾸는 '비밀'의 작동 방법만 알면, 당신이 오매불망 기다리는 원하는 것을 얻을 것이다.

멘탈 리셋 프로세스

그렇다면 당신은 어떻게 원인을 바꿀 것인가? 어떻게 생각(기억)을 바꿀 것인가? 어떻게 관점을 지구의 입장에서 태양의 입장으로 바꿀 것인가? 어떻게 멘탈이 상호의존성을 초월하여 상호침투성을 따르게 할 것인가? 질문은 달라도 답은 하나다. 멘탈을 리셋하는 방법은 무엇인가?

그림 4-1. 멘탈 리셋 프로세스

멘탈을 리셋하는 방법은 아주 단순하다. 단순해야 절대적이고
보편적이며 불변하기 때문이다. 다시 말해 방법이 단순해야 어떤
제약과 조건이 붙지 않고, 누구나 쉽게 실천할 수 있고, 과학처럼
일관되게 결과가 나올 수 있다. 당신이 멘탈을 리셋하려면 3단계
를 거쳐야 한다.

1단계는 당신이 원하는 것을 의지 없이 '상상하라.'다.
2단계는 당신이 원하는 것이 이미 이루어져 있다고 의심 없이 '믿어
라.'다.
3단계는 당신이 원하는 것을 이미 받은 것에 '감사하라.'다.

당신의 멘탈이 원하는 것을 최종 결과로부터의 상상하고, 이미
이루어져 있다고 믿고, 이미 받았다고 감사하도록 리셋이 되면, 우
주와 하나가 되어 공명하게 된다. 그러면 우주로부터 당신이 원하

는 것을 끌어당겨 현실로 나타나게 한다. 여기서 말하는 '원하는 것'은 큰 것이든 작은 것이든 상관이 없다. 다만 당신은 삶의 모든 일들을 '비밀'이 작동하는 멘탈로 리셋하는 것이 중요하다.

이때 단계마다 당신은 멘탈을 지구의 입장에서 태양의 입장으로 리셋을 해야 한다는 점에 주의해야 한다. 그렇지 않으면 부메랑처럼 당신의 의도와 정반대로 결과가 나온다. 그래서 단계마다 멘탈을 상호의존성에서 상호침투성으로 리셋하는 방법이 필요하다.

첫 번째 방법은 상상을 주입시켜 두 세계 중에서 한쪽 세계를 사라지게 하는 '자기암시'다. 당신이 원하는 소망에 대한 비난이나 비판, 의지나 의심, 불안이나 두려움 등이 생기면, 즉시 상상을 주입시켜 생각을 물리치는 것이다. 그렇게 한쪽 세계가 사라지면, 당연히 다른 쪽 세계는 제대로 서 있지 못한다. 그러면 상호의존성은 저절로 사라진다.

이렇듯 자기암시는 당신의 멘탈을 지구의 입장에서 벗어나, 태양의 입장에서 사물이나 상황을 바라보고 행동하게 한다. 하지만 자기암시는 자아를 완전히 사라지게 할 수는 없다. 개혁의 대상자에게 개혁을 맡겼기 때문이다. 개혁의 대상자가 자신을 완전하게 개혁한다는 것은 불가능하다.

두 번째 방법은 자아(생각)를 관찰하여 두 세계를 모두 사라지게 하는 '자기탐구'다. 자기탐구는 자아가 그은 경계선을 없애, 상호의존성을 사라지게 한다. 그리고 경계선이 사라지는 만큼 자아도 함께 사라진다. 그러면 또 다른 진짜 나인 '참나'가 드러난다. 인류 역사상 '비밀'을 알았던 위대한 사람들은 표현만 다르지, 어떤 형태로든 예외 없이 날마다 자기탐구를 실천했다. 자기탐구는 멘탈을 지구의 입장에서 태양의 입장으로 리셋하는 가장 강력한 방법이기 때문이다.

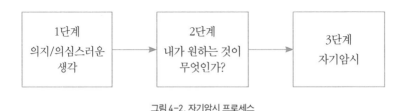

그림 4-2. 자기암시 프로세스

상상을 주입시키는 자기암시

먼저 상상을 주입시켜 두 세계 중에서 한쪽 세계를 사라지게 하는 자기암시에 대해 자세히 알아보자.

자기암시는 당신이 원하는 것에 대해 의지가 생기거나, 원하는 것이 이루어져 있지 않다는 의심이 생기면, 생각을 멈추고 상상을 주입시키는 방법이다. 당신에게 의지가 생기면, "그것은 내가 아니다. 그렇다면 내가 원하는 것은 무엇인가?"를 물어라. 그리고 영화를 보듯이 당신이 원하는 것의 최종 결과를 반복해서 자기암시를 하는 것이다. 이때 단순히 영화를 보고 있는 것이 아니라, 실제로 영화 속의 장면에서 당신이 행동하고 있어서, 그 상황과 감각들이 당신에게는 현실처럼 느껴져야 한다.

그러려면 알기 쉬운 말로 당신이 원하는 소망 선언문을 써놓고 매일 휴대하라. 시간이 날 때마다 자연스럽고, 단순하게, 확신이 마음에 가득 들어찰 때까지, 소리 내어 읽어라. 영화를 보듯 이미 이루어진 것처럼 소망 선언문을 읽으면, 어느 사이엔가 무의식에서 씨앗이 움터 머지않아 현실로 나타날 것이다. 이것이 의지 없이 최종 결과로부터 상상하는 방법이다. 여기서 명심할 것은 절대로 의지로 노력해서 소망 선언문을 읽으면 안 된다는 것이다. 왜냐하면 의지가 들어가면, 당신의 소망과 정반대의 결과가 나오기 때문이다.

최종결과

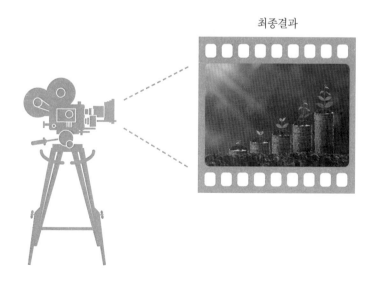

만일 의심스러운 생각이 들면, "그것은 내가 아니다. 내가 원하는 것은 무엇인가?"를 물어라. 그리고 "나는 날마다 상상이 점점 더 이루어지고 있다."라고 반복해서 자기암시하라. 자기암시는 당신의 멘탈을 생각에서 상상으로 리셋하여 조용히 무의식에 씨앗을 뿌리면, 반드시 싹을 틔우고 열매를 맺게 해준다.

자아를 관찰하는 자기탐구

다음으로 자아(생각)를 관찰하여 두 세계를 모두 사라지게 하는 자기탐구에 대해 자세히 알아보자.

'비밀'의 문을 여는 열쇠는 당신의 마음이다. 당신이 마음을 지배하는 길은 자아를 사라지게 하는 방법을 배우는 것이다. 자아가 완벽하게 사라져, 멘탈이 편안한 사람에게는 불가능이란 없다. 자아가 사라지면 상호의존성은 저절로 사라지기 때문이다. 그러려면 당신의 자아(생각)를 현미경으로 들여다보듯 관찰해야 한다.

당신이 생각을 알아차리기 전까지, 자아는 생각을 꽉 움켜쥐고 절대 내려놓지 않는다. 자아가 생각을 동일시하고 있기 때문이다. 열매를 바꾸고 싶다면, 씨앗을 손에 쥐고 있어선 안 된다. 움켜쥔 손을 펴야 씨앗을 땅에 뿌릴 수 있다. 그래야 싹이 트고 자라서 열매를 맺을 수 있다. 자아는 자신의 생각을 알아차리면, 움켜쥐고 있던 생각을 내려놓는 속성을 가지고 있다. 다시 말해 하나의 세계가 두 개의 세계로 분리된 마음은 생각을 알아차리는 순간, 다시 하나의 세계가 된다. 이렇게 당신이 생각을 알아차리기만 하면, 신기하게도 멘탈은 상호의존성에서 상호침투성으로 리셋이 된다.

자아는 '나라는 생각'에서 비롯된다. '나라는 생각'이 용해되어 애당초 나왔던 하나로 들어갈 때까지 자아를 관찰하라. 그러면 당신은 의식적으로 생각을 깊게 알아차림으로써, 무의식에 상호침투성의 씨앗을 하나 심어놓을 수 있다. 그다음은 이 씨앗을 자라게 해서 원하는 열매를 얻는 것이다. 이것이 바로 멘탈을 리셋하는 '자기탐구'다.

자! 자기탐구를 하는 방법에 대해 한 발 더 들어가 보자. 자아는 자극을 받으면 무의식적으로 선택해서 반응을 한다. 자기탐구는 무의식적으로 선택하는 '나라고 생각'하는 자아를 알아차리는 것이다. 그러기 위해서는 자아를 관찰하는 또 다른 자아가 필요하다.

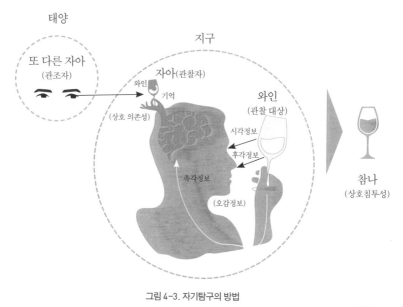

그림 4-3. 자기탐구의 방법

이해가 쉽도록 그림4-3을 예로 들어 설명해보자.

와인(관찰 대상)을 바라보는 자아(관찰자)[28]와 그 자아를 관찰하는 또 다른 자아(관조자)가 필요하다. 와인을 바라보는 관찰자는 지구의 입장이고, 관찰자를 바라보는 관조자는 태양의 입장이다.

태양은 그냥 지구에 빛을 비추듯, 관조자는 와인을 바라보는 관찰자를 그냥 관조하며 그저 바라보는 것이다. 관찰자가 와인을 바라보는 순간, 오감의 정보를 받아 과거의 기억을 기반하여 상호의존적인 해석을 한다. 하지만 그런 관찰자에 대해 어떤 비난이나 비판, 핑계나 자기합리화를 하지 말고, 제3자처럼 그냥 지켜보아야 한다. 왜냐하면 의지가 들어간 관조자는 태양의 입장에서 지구의 입장으로 바뀌기 때문이다.

관조자가 관찰자를 바라보며 전체 사고를 이해하게 될 때, 와인을 바라보는 '나라고 생각'하는 관찰자가 사라지고 순수한 와인만 남게 된다. 그러면 관찰자와 관찰 대상은 분리되지 않는 하나, 즉 상호침투성이 된다. 동시에 관조자도 함께 사라지면서 또 다른 진짜 나인 '참나'가 드러난다. 왜냐하면 관찰자와 관조자는 역할만 다를 뿐이지, 같은 '자아'이기 때문이다. 그래서 관찰자가 사라지면, 동시에 관조자도 함께 사라지는 것이다.

여기서 관찰자(자아)가 사라졌다는 표현은 기억이 없어졌다는 말이 아니라, 와인에 대한 상호의존성이 사라졌다는 의미다. 이를

---

28 '자아'의 다른 표현은 관찰자, 사고자, 분석자, 경험자, 보는 자, 느끼는 자, 듣는 자 등이며, '대상'은 관찰 대상, 사고대상, 분석대상, 경험대상, 보는 대상, 느끼는 대상, 듣는 대상이라고 부른다.

테면 당신이 예전에는 와인을 싫어했는데 상호의존성이 사라지면, 똑같은 와인을 보고도 싫다는 감정이 없이 있는 그대로 와인을 바라볼 수 있는 것이다. 반대로 좋다는 감정도 마찬가지다. 이것이 당신의 멘탈이 어떤 사물과 상황을 태양의 입장으로 바라보는 가장 순수한 방법이다. 나아가 당신이 원하는 것이 무엇이든 얻을 수 있는 가장 확실한 지름길이다.

자기탐구는 3단계로 나누어져 있다.

1단계는 관조자가 떠오르는 현재의 생각(관찰자)을 주시하여, 의지가 일어나는 생각을 내려놓게 하는 '수동적 주시'다.

2단계는 다음으로 관조자가 과거의 기억(관찰자)을 응시하여, 의심을 불러일으키는 생각들을 내려놓게 하는 '무선택적 응시'다.

3단계는 관조자가 미래의 모습(관찰자)을 관찰하여, 감정과 집착을 내려놓게 하는 '관조적 관찰'이다.

여기서는 사람들이 자기탐구를 쉽게 활용하도록 3단계로 나누어 설명하였지만, 실제로 자기탐구를 할 때는 단계를 구분할 필요는 없다. 더구나 '수동적 주시', '무선택적 응시', '관조적 관찰'은 표현만 다를 뿐이지, 같은 자기탐구 방법이다. 즉, 모든 단계는 관조자가 관찰자를 지켜보면서 전체 사고를 이해하는 하나의 과정이다.

지금부터 당신이 원하는 것이 무엇이든 얻기 위해서는, 삶 자체가 곧 자기탐구가 되도록 하는 것이 중요하다. 즉, 삶이 곧 자기탐구이고, 자기탐구가 곧 삶이 되어야 한다. 그래서 전통적인 명상 방식과는 달리, 자기탐구는 특별한 시간이나 장소를 따로 떼어놓

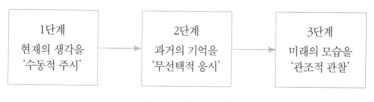

1단계	2단계	3단계
현재의 생각을 '수동적 주시'	과거의 기억을 '무선택적 응시'	미래의 모습을 '관조적 관찰'

그림 4-4. 자기탐구 프로세스

을 필요가 없다. 나아가 특별한 자세를 취하고 행하는 전통적인 명상처럼 생각해서는 안 된다.

자기탐구는 그저 생각이 떠오를 때마다, 관조자가 그 생각(관찰자)에 대해 알아차리고 전체 사고를 이해하는 것이다. 그래서 자기탐구는 거창하지도, 먼 데 있는 것도 아니다. 지금부터, 여기서부터, 할 수 있는 것부터, 쉬운 것부터 하면 된다. 이런 작은 실천에 대한 노력이 모이면, 당신의 멘탈은 태양의 입장으로 리셋이 되어, 인생을 넘어 운명까지 바뀌게 된다.

자기탐구는 소나기를 맞아 흠뻑 젖는 것이 아니라, 안개에 옷이 젖는 것과 같다. 안개 속을 걸을 때 옷이 젖고 있다는 것을 잘 모른다. 그러나 계속 걷다 보면 조금 조금씩 옷이 젖게 된다.

빨리 이루려는 조급한 마음을 가지면 오히려 더디게 이루어진다. 아니, 영원히 이루지 못할 수도 있다. 이를테면 당신이 '나는 자기탐구를 하고 있다.', '나는 자기탐구를 해야 한다.', '나는 뭔가 특별한 상태를 이루어야 한다.'라고 생각하고 있다면, 당신은 자기탐구를 하는 것이 아니라, 실제로는 아무것도 하지 않는 것과 같다.

왜냐하면 의지로 하는 자기탐구는 지구의 입장에서 벗어나지 못하기 때문이다. 당신이 어떤 특별한 상태를 이루려고 애쓰지 않을 때, 당신은 의지 없이 자기탐구를 하고 있는 것이다.

당신의 멘탈은 늘 외부로 시선이 고정되어 있어 내부로 시선을 돌린다는 것이 쉽지 않다. 그래서 처음부터 생각을 곧바로 알아차린다는 것은 무척 어렵다. 우선 감정부터 알아차려라. 감정은 생각에서 비롯되기 때문이다.

기분이 좋거나 나쁘면 재빨리 생각을 탐구하라. 그러면 생각을 알아차릴 수 있을 것이다.

하루를 시작하기 전과 잠들기 전에 3~10분 정도 자기탐구를 하면, 멘탈을 편안하게 하는데 믿어지지 않을 정도로 도움이 된다. 이렇게 관조자가 떠오르는 생각을 수동적으로 주시하고, 과거의 기억을 무선택적으로 응시하고, 미래의 모습을 관조적으로 관찰하게 되면, 당신의 멘탈은 항상 태양의 입장에서 사물이나 상황을 바라볼 수 있게 된다.

무소의 뿔처럼 혼자서 가라

이제 당신은 무엇을 원하는지를 결정하라. 당신이 원하는 것이 현실로 나타나게 하려면 상상, 믿음, 감사, 그리고 행동이 바로 현재, 지금 여기에서 결합되어야 한다. 당신이 아무 일도 하지 않으면, 아무것도 나타나지 않는다. 당신이 원하는 것을 현실로 나타나게 하려면, 단계마다 무위의 행동은 필수다. 당신이 태양의 입장에서 의지가 없는 행동은, 모두 무위라는 사실을 명심하라.

행동은 과거나 미래가 없다. 오직 현재, 지금 여기에서만 존재한다. 그러니 당신이 처한 상황이나 환경이 어떻든지 행동을 미루지 마라. 당신이 원하는 것을 받을 것이라면, 지금 당장 멘탈을 리셋하라. 이것이 습관으로 완전히 자리 잡기 전까지는 절망과 좌절이 반복될 것이다. 그렇다고 걱정하지 마라. 걱정한다는 것은 의심하고 있다는 것이다. 그러면 실패는 계속될 것이다. 신념을 가지고 밀어붙여라.

명심하라. 이 '비밀'을 굳게 믿고 멘탈을 리셋하는 사람은 원하는 것이 무엇이든 반드시 얻게 될 것이다. 만약 당신이 원하는 것을 얻지 못했다면, 이유는 3가지다. 하나는 당신이 의지로 노력했든지, 다른 하나는 당신이 의심을 가지고 믿었든지, 마지막으로 당신이 이미 받은 것에 감사하지 않았기 때문이다. 이것은 당신이 원하는 것이 절실한 시기에 '비밀'을 믿지 않는다는 증거다.

하지만 당신이 '비밀'을 믿지 못할 때가 당신이 원하는 것이 무엇이든 얻을 수 있다는 이 '비밀'을 스스로에게 입증할 가장 최적기다. 당신이 원하는 것을 얻는 데는 얼마나 의지 없이 상상했느냐, 얼마나 의심 없는 믿음을 가지고 있느냐, 이미 받은 것에 얼마나 감사해 하느냐에 정확하게 비례할 것이다. 그러니 지금 당장 당신의 멘탈을 리셋하라.

이제 당신은 이 '비밀'과 상반되는 모든 것들은 깡그리 마음속에서 지워라. 이 '비밀'을 비판하는 사람의 말은 듣지 마라. 그들의 논쟁에 말려들지도 마라. 사주, 토정비결, 운세, 무속인 근처에는 얼씬도 하지 마라.

특별한 종교나 종파나 스승을 찾지도 마라. 진정한 스승은 언제나 당신뿐이라는 사실을 명심하라. 당신이 처한 상황이 어떻든 비관하지 마라. 비관적인 말도 하지 마라. 멘탈이 리셋될 때까지 끝난 것이 아니다. 오직 이 '비밀'이 당신의 마음속에 확고히 자리 잡아 습관적인 사고가 될 때까지, 무소의 뿔처럼 혼자서 멘탈을 리셋하라.

"상상하라, 믿어라, 감사하라. 그러면 원하는 것이 무엇이든 얻을 것이다."

1단계 상상하라

모든 것이 상상하는 대로 이루어진다.

– 에밀 쿠에

　상상이 현실을 만든다. 상상은 당신의 멘탈이 상호침투성의 법칙을 따르도록 강제하는 힘을 지니고 있기 때문이다. 그래서 상상은 당신이 원하는 결과의 궁극적인 모습을 씨앗 안에 담을 수 있고, 그 씨앗을 키워 당신이 원하는 열매를 얻게 한다. 이처럼 상상은 씨앗 안에 원하는 결과의 모습을 불어넣는 과학적인 행위다. 그러므로 상상은 창조력이고, 당신은 그 자체이자 세상이다.

　당신이 절단된 팔다리를 다시 생기게 해달라는 것이 아니라, 현실로 일어날 수 있는 가능한 소망을 상상하면, 그것이 무엇이건 반드시 현실로 나타나게 되어 있다. 왜냐하면 우주는 당신이 원하는 것을 이미 알고 이루어놓았기 때문이다. 씨앗이 움을 틔워야 열매를 맺듯이, 세상 모든 것은 상상하는 대로 이루어진 결과다.

　상상하기란 간단히 말해 당신이 원하는 최종 결과의 이미지를 그림 그리듯 뚜렷이 하는 것인데, 이미지가 명확한 만큼 강력한 감정이 동반된다. 바로 그 강력한 감정이 당신이 원하는 것을 우주로 부터 끌어당기게 한다.

하지만 휴대폰에 주파수가 잡히지 않으면 통화가 어렵듯이, 당신이 원하는 이미지가 무엇인지 명확하지 않으면, 우주는 당신에게 무엇을 줘야 할지 몰라서 소망을 들어줄 수 없다. 이미지가 명확하지 않다는 것은, 그것이 이루어져 있지 않다는 말과 같기에 현실로 나타나지 않는다.

상상하기가 이토록 강력한 힘을 내는 이유는, 당신이 마음속에서 원하는 것을 얻는 모습을 그릴 때, 이미 그것이 당신에게 이미 이루어졌다고 느끼게 해주기 때문이다.

상상할 때는 애쓰지 말고 단순히 원하는 것의 이미지를 뚜렷이 하면서, 이미 이루어져 있다고 느껴야 한다. 당신이 원하는 것의 최종 결과와 느낌을 상상할 수 있다면, 그것은 반드시 현실로 나타날 것이다. 이것이 우주와 당신을 일치시키는 방법이다. 당신과 우주가 일치되면, 당신이 원하는 것이 무엇이든 이미 이루어져 있다는 사실을 알게 될 것이다.

이때 주의할 점은 상상할 때 원하는 것에 대한 의지가 조금이라도 들어가면 안 된다는 것이다. 여기서 말하는 의지란 상상하는 것에 대해 기대를 가지거나, 욕망에 의한 동기가 있거나, 그것을 이루려고 하는 힘을 의미한다. 의지는 당신이 가지고 있지 않아서 가지고 싶다는 생각에서 비롯된다. 이미 가지고 있다는 상상과 가지고 있지 않다는 현실이 서로 갈등을 일으키면 의심이 생긴다. 그러면 상호의존성의 법칙에 따라, 당신의 의도와 정반대의 결과를 낳는다.

잊지 말자. 우주는 당신이 원하는 것을 이미 이루어놓고 있지만, 당신이 요청하지 않으면 그 어떤 것도 주지 않는다. 당신은 우주에게 무엇이든 요청하라. 그 방법이 바로 상상이다.

당신이 우주에게 뭔가를 요청하기 전에, 먼저 당신이 무엇을 원하는지를 명확하게 해야 한다. 그런 다음 상상하면 우주로부터 원하는 것을 현실로 끌어당길 수 있다.

당신이 최종 결과를 생각하는 것은 그것이 현실에 있지 못하다는 고백이고, 최종 결과로부터 상상하는 것은 그것이 현실에 이미 존재하고 있다는 증거다. 예를 들면 최종 결과를 생각하는 것은 당신이 목적지를 어떤 길로 갈 것인지 지도를 보고 있는 것이고, 최종 결과로부터 상상하는 것은 당신이 이미 목적지에 도착해 왔던 길을 되돌아보는 것이다. 비슷한 말 같지만 결과는 천지 차이다. 왜 그럴까? 최종 결과를 생각하는 것은 의지가 개입이 되지만, 최종 결과로부터 상상하면 의지가 개입되지 않기 때문이다. 최종 결과로부터 의지 없이 상상할 때의 감정이 강한 에너지(미립자)를 내뿜으면, 우주는 그 에너지와 공명을 일으켜 당신이 마음속에 그린 이미지를 현실로 만들어 되돌려준다.

당신의 소망이 큰 것이든 작은 것이든 상관이 없다. 시간이 있을 때마다, 당신의 멘탈을 원하는 것의 최종 결과로부터 상상하도록 리셋하라. 당신이 정말로 원하는 것에 집중하는 것은 따로 연습이 필요하지 않다. 노력해야 집중이 되는 것이 있다면, 그것은 당신이 정말로 바라는 것이 아니다. 왜냐하면 노력한다는 것은 하고 싶지 않은 일을 해야 할 때에 생기는 의지이기 때문이다.

생각해보라. 당신이 하고 싶은 일이나 취미 활동은, 노력하지 않더라도 자연스럽게 집중하지 않는가. 만약 당신이 원하는 것을 빨리 얻고 싶다면, 당신의 삶 자체가 상상을 그리는 일이 되어야 한다. 다시 말해 삶 자체가 원하는 것의 이미지를 세부적으로 그려보고, 그 이미지가 마음속에 확실히 자리 잡도록 멘탈을 리셋해야 한다.

당신이 마음속에 그리는 이미지가 뚜렷하고 분명하면 할수록, 원하는 것을 자세히 묘사하면서 상상을 더 자주하면 할수록, 열망이 강해지면 강해질수록, 원하는 것에 집중하기도 더욱 쉬워질 것이다.

당신의 삶 자체가 상상을 그리는 일이 되면, 매우 세밀한 부분까지 이미지가 형성되어 우주까지 완벽하게 전달된다. 그러면 당신은 언제든지 마음속으로 단지 그 이미지를 떠올리기만 해도, 저절로 당신의 멘탈이 상호침투성을 따르게 되어, 원하는 것을 끌어당기게 된다. 그러니 시간이 날 때마다 상상을 계속하라. 마음이 상상으로 가득 채워 언제라도 당신이 원하는 것을 끌어당길 수 있게 될 때까지, 멘탈을 리셋하라. 이것이 당신이 원하는 것을 얻을 수 있는 씨앗을 심는 가장 효과적인 방법이다.

이제 당신은 당신이 원하는 것이 무엇이든 얻을 수 있는 가장 강력한 힘을 갖게 되었다. 대신 방법에 대해서는 걱정하거나 신경 쓰지 마라. 중간 중간 결과가 어떻든 원하는 것을 얻는 과정이라고 생각하라. 그렇지 않으면 의지가 생겨난다. 의지가 생기면 당신의 의도와 정반대의 결과를 낳는다. 당신이 의지 없이 최종 결과로부터 상상하면, 밤이 지나면 낮이 오는 것처럼 방법도 당연히 나타날 것이다. 왜냐하면 당신이 원하는 것이 이미 이루어져 있듯이, 방법도 이미 존재하고 있기 때문이다. 그래서 상상을 현실로 만들어 내는 사람에게 매일매일 일어나는 일보다 경이로운 것은 세상에 없다.

자기암시하라

자기암시는 자연스럽고, 단순하게, 확신을 갖고 행하라. 절대로 의지로 '노력'을 해서는 안 된다. 무의식이 한 잘못된 자기암시가 자주, 쉽게 나쁜 결과를 만들어 낼 수 있는 이유는 바로 '노력하지 않았기' 때문이다.

−에밀 쿠에

배를 만들게 하려면 어떻게 해야 할까?
"배를 만드는 법을 가르치려 하지 말고, 바다를 동경하게 하라."
《어린 왕자The Little Prince》의 생텍쥐페리Saint Exupery가 한 말이다.
그렇다면 당신이 원하는 것을 얻기 위해서는 어떻게 해야 할까?

바다를 동경하듯 원하는 결과의 뚜렷한 이미지를, 늘 가슴에 품고 있어야 한다. 세상 어떤 것이 발명되거나 창조된 유일한 원인은, 누군가 마음속에 그것을 뚜렷이 상상했기 때문이다. 마음속에 명확한 이미지를 그린 다음, 최종 결과로부터의 상상을 마음에 간직하자. 우주의 힘이 그것을 발명되도록 움직인 것이다.

당신이 원하는 것을 현실로 나타나게 하려면, 언제나 상상에만 오로지 집중해야 한다. 당신이 상상에 집중하지 못하는 것은 운전자가 내비게이션에서 눈을 떼는 것과 마찬가지다. 상상에 관심과 에너지와 집중력을 쏟지 않으면, 당신이 원하는 것은 결코 현실로 나타나지 않는다. 예를 들어 부자가 되고 싶다면, 가난에 관련된 모든 것을 잊어야 한다. 오직 당신이 원하는 부에만 관심과 에너지와 집중력을 온통 쏟아야 한다. 만약 가난에 관심을 둔다면, 계속 가난하게 될 것이다. 어렸을 때 가난했다 하더라도 그에 관한 이야기는 일체 하지 마라. 아예 생각도 하지 마라. 이런 것들을 하나라도 이야기하게 되면, 무의식에 있던 가난이 현실이 되어버린다. 그렇게 되면 당신이 원하는 부와 성공을 얻지 못한다.

뉴스에서 가난한 사람이 나오더라도 동정하지 마라. 가난한 사람을 도와주는 유일한 방법은, 가난한 사람이 부자가 되고 싶다는 욕구를 불러일으키도록, 당신이 부자가 되는 모습을 보여주는 것이다. 당신이 부자가 된 후에 가난한 사람을 도와줘도 늦지 않는다. 오직 당신이 부유해지는 데 온 마음을 쏟아라.

당신이 어떻게 하면 가난에서 벗어날 수 있을까를 생각하는 대신에, 어떻게 하면 부자가 될 수 있을까를 생각하라. 비슷한 말인 것 같지만 천지 차이다.

부자가 되는 것에만 모든 주의를 쏟아라. 다시 말해 당신이 원하는 것을 끊임없이 상상해야 한다는 말이다. 지금 오직 당신에게 필요한 것은, 당신이 원하는 것이 마음에서 잊히는 일이 없도록, 마음에 상상의 말뚝을 확실하게 박는 것이다. 마음에 상상의 말뚝을 확실하게 박았다면, 말뚝을 단단히 붙잡아라. 그 어떤 것도 당신의 상상에 의심을 품게 만들지 마라.

당신이 원하는 것은 이미 이루어져 있다. 대신 어떤 결과를 기대하지 마라. 궁금해하지도 마라. 조급해하지도 마라. 걱정하지도 마라. 어떻게 이룰까 고민하지도 마라. 그런 것들은 모두 의지에서 비롯된 것이다. 당신이 말뚝을 단단히 부여잡았다면, 소풍을 가듯 편안하게 기다리면 된다. 그러면 당신이 원하는 것이 현실로 나타날 것이다.

이 '비밀'을 모르는 사람들은 당신이 열정이 없고, 소극적이라고 비난할 것이다. 다른 사람들의 비난에 신경을 쓰지 마라. 비난은 당신의 마음을 반영한 생각이지, 다른 무엇도 아니다. 당신이 비난이란 것을 믿지 않는다면, 당신의 상황이나 환경에 대한 다른 사람들의 비난을 전혀 신경 쓸 필요가 없다. 당신이 원하는 것을 얻는 방법은 비난이나 비판, 의지나 의심, 불안이나 두려움을 물리치도록 멘탈을 리셋하는 자기암시에 달려 있다.

수많은 사람이 자신이 무엇을 원하는지에 대해, 모호하고 막연한 이미지만을 가지고 있다. 그래서 그들은 생각하는 에너지(미립자)에 그 이미지를 전달하지 못해서, 원하는 것을 얻는 데 실패하고 말았다. 이를테면 뭔가 꿈꾸는 일을 하고 싶어서 부자가 되고 싶다는 식의 개략적인 바람으로는 충분하지 않다. 그런 바람은 누구나 갖고 있기 때문이다. 예를 들면 당신이 부자가 되고 싶다면, 구체적인 목표와 돈의 액수 등을 명확히 정해야 한다. 당신의 소망이 모호하고 불분명해서는, '비밀'이 작동하지 않으며 결코 부자가 될 수도 없다.

당신이 상상을 의지 없이 하도록, 원하는 것을 글로 명확하게 정의하라. 당신이 원하는 것의 최종 결과를 담은 소망 선언문을 작성하라. 좋은 감정이 느껴지도록 현재형을 사용하여 긍정문이 되도록 표현하라. 예를 들어 건강하다고 말하는 것이, 건강하게 될 것이라고 말하는 것보다, 느낌이 훨씬 더 강하다. 당신이 어떻다고 말하는 것은 현재에 이미 이루어졌다는 믿음이고, 어떻게 될 것이라고 말하는 것은 현재는 그렇지 못하다는 의심을 고백하는 것이기 때문이다. 그래서 현재형으로 소망이 어떻다는 말은, 미래형으로 어떻게 될 것이라고 말하는 것을 항상 이긴다.

또한, 부정문이나 단정적인 표현은, 현재 상황과 괴리를 일으켜 의지를 불러일으킨다. 그러면 당신의 의도와 정반대의 결과를 낳는다. 그래서 현재 상황과 괴리가 일어나지 않도록, 긍정문으로 마무리하라.

자! 당신이 원하는 것은 무엇인가? 소망 선언문을 작성해보라.

소망 선언문

내가 원하는 것은 _____ 이다.
(내가 원하는 최종 결과를 현재형을 사용하여 구체적으로 작성하라.)

_____

_____

_____

_____

_____

_____

_____

내가 원하는 _____은(는) 이미 이루어져 있다.
나는 날마다 _____이 점점 더 이루어지고 있다.

당신이 소망 선언문을 작성하였다면, 시도 때도 없이 시간이 날 때마다 반복해서 읽는 일만 남았다. 당신의 소망이 이미 이루어진 것처럼 느끼면서 소망 선언문을 자연스럽고, 단순하게, 확신을 갖고 읽어라. 이때 당신이 원하는 것이 어떻게 이루어질 것인가에 대해서는 신경을 쓰지 마라.

예를 들어 현재 겪고 있는 질병이나 해결해야 할 문제 등을 구체적으로 떠올리면, 그것을 해결하려는 의지가 생기기 때문이다. 이것이 당신의 멘탈을 의지 없이 상상하도록 리셋하는 자기암시다.

당신은 소망 선언문이 이미지화된 후에는 영화를 보듯이 자기암시하라. 당신은 영화 속의 모든 장면들에 항상 참여하라. 단순히 영화를 보고 있는 것이 아니라, 실제로 영화 속의 장면에서 당신이 행동하고 있어서, 그 상황과 감각들이 당신에게는 현실처럼 느껴지도록 하라.

최종 결과를 확신에 차서 자기암시를 하는 것은, 최종 결과로부터 상상하는 것과 같다. 이것이 당신의 멘탈을 리셋하여, 당신이 원하는 것을 현실로 만들어 내는 가장 효과적인 방법이다. 그러니 실제처럼 느낄 때까지, 계속해서 소망 선언문을 읽어라. 대신 절대로 의지로 노력을 해서는 안 된다. 의지가 들어가면 상호의존성의 씨앗을 심는 것이다. 상상이 무의식에 저장되어, 상호침투성의 씨앗이 되도록 반복해서 읽어라.

두 눈을 감고 차분한 목소리로, 잠자리에 들기 전과 아침에 바로 눈을 뜬 직후가 가장 효과적이다. 의식의 시작과 끝이 당신이 원하는 것을, 무의식에 명령을 내리기 가장 좋기 때문이다. 당신이 잠들기 전과 눈을 뜬 직후에, "상상이 이미 이루어졌어!"라고 느끼면서 이루어졌다는 의식을 사실로 받아들이고 유지한다면, 반드시 현실로 나타나게 될 것이다. 그래서 당신이 원하는 것을 얻기 위해서 지금 해야 할 일은 지식을 쌓거나, 열심히 일하거나, 능력을 키우는 일이 아니다.

당신이 매일매일 가장 우선으로 해야 할 일은, 당신의 멘탈을 의지 없이 상상하도록 리셋하는 일이다. 그러면 당신이 원하는 것이 무엇이든 그것은 필연적으로 당신에게 다가올 것이다.

무위로 행동하라

천하를 억지로 얻고자 애쓰는 자들이 있는데 將欲取天下而爲之

나는 그들이 결국 얻지 못할 것으로 본다 吾見其不得已.

천하는 신묘한 물건이라, 억지로 도모할 수 없기 때문이다 天下神器, 不可爲也.

억지로 도모하고자 하는 자는 실패하고 爲者敗之

억지로 잡고자 하는 자는 놓치게 된다 執者失之.

―노자, 《도덕경 29장》

당신이 원하는 것을 의지 없이 상상한 후에는, 그 상상이 현실로 나타나는 것이 관건이 된다. 누구도 행동하지 않은 채, 상상만 해서는 원하는 것을 이룰 수 없다. 상상만 하는 사람은 몽상가와 같다. 행동하지 않는 몽상가는 삶과 괴리를 만든다. 인간은 아직까지 아무런 행동도 하지 않고, 에너지(미립자)에서 현실을 창조해내지는 못한다. 그래서 당신이 원하는 것을 현실로 나타나게 하려면, 행동은 필수다. 행동은 과거나 미래가 없다. 오직 현재, 지금 여기에서만 존재한다. 당신이 원하는 것을 하루라도 빨리 받으려면, 지금 당장 행동하라.

행동은 두 가지 중 하나다. 인위냐 아니면 무위냐. 의지로 하는 행위를 '인위'라고 말하고, 반면에 의지가 없는 행위를 '무위'라고 부른다. 또한, 의지로 하는 인위적인 일을 '욕심'이라고 부르고, 의지가 없는 무위적인 행위를 '양심'이라고 부른다.

당신이 의지로 하는 인위적인 행위는 노동과 비슷하다. 노동은 돈을 벌기 위해 어쩔 수 없이 해야 하는 일이고 힘이 든다. 마치 물살이 빠른 강을 거꾸로 거슬러 올라가는 느낌이다. 하지만 의지가 없는 무위적인 행위는 자발적이고 자연스럽다. 당연히 기분도 좋다. 마치 물살을 따라 흐르는 느낌이다.

당신이 욕심으로 하는 일들은, 당신의 의도와는 달리 정반대의 결과를 얻게 된다. 그래서 사람들은 흔히 "욕심대로 되는 일은 하나도 없다."라고 말하는 것이다. 그런데 세상에는 욕심이 많은데 부자가 되는 사람도 있다. 하지만 영화의 결말처럼 그들은 얼마 지나지 않아 얻은 부를 잃어버리는 경우를 쉽게 볼 수 있다. 만약 부가 그대로 있다면, 건강을 잃어버리거나 가족끼리 갈등이 심할 수 있다. 그것도 아니라면 아직 그 시간이 되지 않았을 뿐이다. 하지만 꼬리가 길면 밟히듯이 정작 그 시간이 되면, 부자가 되기 전보다 훨씬 더 많은 것을 잃어버릴 것이다. 이렇듯 당신이 무엇을 잃어버리지 않으려면, 오직 욕심을 내려놓는 길뿐이다.

당신이 원하는 것이 얻으려면, 당연히 무위로 행동해야 한다. 인위로 하는 행동은, 당신이 생각하는 것과 정반대의 결과를 낳는다. 당신이 원하는 것을 무의식에 씨앗을 심는 일은 상상이다. 그것을 현실로 나타나게 하는 행동이 무위다. 이러한 상상과 무위가 있느냐 없느냐에 따라, 과학적으로 부자가 되고자 하는 사람과 단순한 몽상가가 구분된다는 것을 명심하라.

당신이 의지 없이 상상하고 의지 없는 무위로 행동하면, 원하는 것이 무엇이든 현실로 매우 빠르게 나타날 것이다. 그러니 당신이 상상을 했다면, 지금 당장 무위로 행동하라. 상상이 열매를 맺으려면, 무위가 뒷받침해줘야만 한다. 대신에 당신은 상상을 실현하는 방법에 대해서는 관심을 두지 마라. 상상을 이루는 방법은, 당신이 아니라 우주의 영역이다. 그래서 당신이 방법에 관심을 두면 의지를 일어나고, 상상과 정반대의 결과를 초래하게 된다.

당신이 행동을 무위로 한다는 것은, 물살에 튜브를 타고 편안하게 흘러가듯 흐름에 몸을 맡기는 것이다. 무위로 하는 일은 자연히 순탄하고 편안하게 진행될 수밖에 없다. 반면 인위로 하는 일은, 거칠거칠한 땅바닥 위에서 무거운 상자를 힘껏 미든 것과 비슷하다. 미는 힘이 셀수록 그 반발 때문에 마찰력도 강해지듯, 의지도 강해진다. 그 반발력 때문에 불안과 두려움은 더 많이 생겨난다. 결국, 그런 부정적인 감정이 돈을 밀어내고, 무의식에 '결핍'을 끊임없이 입력한다. 문제는, 사람들이 결핍의 느낌이 강할수록 더 간절히 원한다는 것이다. 간절하다는 것은, '비밀'에 대해 믿음과 확신이 없기 때문이다. 하지만 당신이 간절히 원할수록, 결핍은 결핍을 더 끌어당길 뿐이다. 이것이 당신이 늪에 빠지면 나오려고 할수록 점점 더 빠지듯이, 결핍이 결핍을 부르는 악순환이 계속되는 이유다.

무위는 지구의 입장이 아니라, 태양의 입장으로 행동하는 것을 말한다. 즉, 당신의 멘탈이 상호의존성을 따르는 것이 아니라, 상호침투성을 따르는 것이다. 그래서 당신은 의지가 일어나면, 멘탈을 리셋해야 한다. 그러려면 먼저 당신은 어떻게 의지가 생겨나는지 알아야 한다. 당신의 마음이 두 개의 세계가 분리되어 생각이 일어나면, '~하고 싶어.', '~이 좋아.' 또는 '~하고 싶지 않아.', '~가 싫어.' 등의 의지도 생겨나게 된다. 그러면 마음에서 조급함이나 초조함, 걱정이나 두려움 등의 감정이 생기게 된다. 여기서 중요한 것은 의지나 감정은 긍정적이든 부정적이든 상관없이 모두 상호의존성에서 비롯된 것이다. 이제 당신은 어떤 결과가 나올 것인지는 구구이 말하지 않아도 알 것이다.

이처럼 당신이 원하는 것에 대한 의지가 생기면, 즉 '부자가 돼야 해.', '성공해야 해.', '병이 나아야 해.'라는 생각이 들면, "그것은 내가 아니다."라고 선언하라. 그리고 "그렇다면 나는 무엇을 원하는

가?"를 물어라.

미래형이 아니라 현재형으로 생각하라. 왜냐하면 당신이 어떻다고 말하는 것은 현재에 이미 이루어졌다는 믿음이고, 어떻게 될 것이라고 말하는 것은 현재는 그렇지 못하다는 의심을 고백하는 것이기 때문이다. 의심은 현재 상황과 괴리를 일으켜 의지가 생기게 한다. 그러면 당신의 의도와 정반대의 결과를 낳는다.

당신은 현재 상황과 괴리가 일어나지 않도록, 현재형으로 "나는 날마다 상상이 점점 더 이루어지고 있다."라고 자기암시하라. 이를테면 "나는 날마다 부자가 점점 더 되고 있다.", "나는 날마다 일이 점점 더 좋아지고 있다.", "나는 날마다 병이 점점 나아지고 있다."라고 영화를 보듯이 자기암시하라. 그러면 실제로 영화 속의 장면에서 당신이 행동하고 있어서, 점점 더 이루지는 상황과 감각들이 당신에게는 현실처럼 느껴지게 된다. 당신이 원하는 것이 날마다 점점 이루어지고 있는데, 마음이 왜 조급하거나 초조해하겠는가. 그러면 걱정이나 두려움도 차츰 줄어들며 마음이 편안해질 것이다. 이렇게 당신의 멘탈이 태양의 입장으로 리셋이 되면, 행동도 인위에서 무위로 바뀌게 된다. 그러면 의지 없는 상상과 무위가 만나, 당신이 원하는 것은 무엇이든 현실로 아주 빠르게 나타날 것이다.

현재의 생각을 주시하라

당신이 무엇인가를 원한다면 제일 먼저 할 일은, 멘탈을 의지 없이 상상하도록 리셋하는 것이다. 그렇다면 어떻게 하면 의지 없이 상상할 수 있을까? 어떻게 하면 의지 없이 행동할 수 있을까? 가장 확실한 방법은 현재의 생각을 주시하는 것이다. 당신의 마음이 두 개의 세계로 분리되면, 그 사이에서 연기처럼 생각이 끊임없이 피어오른다. 생각이 일어나면 의지가 생겨난다. 의지는 생각이 있기 때문에 생기는 것이다. 반대로 생각이 사라지면 저절로 의지도 사라진다. 그래서 생각과 의지는 둘이 아니라 하나다. 결국, 의지를 사라지게 하려면, 생각을 사라지게 하면 된다.

그렇다면 당신은 어떻게 생각을 사라지게 할 것인가? 생각은 무의식으로부터 의식의 표면 위로 솟아오르고 나서야, 비로소 당신의 것이 된다. 즉, 무의식적으로 나타나는 생각을 의식적으로 통제할 수 없다. 단지 행동한 후 마무리 단계에서만 통제할 수 있다. 왜냐하면 생각은 의식이 아닌 무의식에서 일어나기 때문이다. 그래서 생각을 통제하는 것은 당신의 선택권 밖에 있다.

무의식을 통제하지 못하듯, 생각을 통제하는 것도 불가능하다.

그래서 날뛰는 말이나 소를 좁은 우리에 가둬놓는 것보다는, 오히려 넓은 들판에 풀어놓는 넓은 의미의 통제가 더 효율적이듯, 생각도 떠오르면 떠오르는 대로 내버려두는 것이, 생각을 통제하는 가장 좋은 방법이다.

먼저 당신은 생각이 떠오르는 대로 내버려두고, 관조자가 생각(관찰자)을 지켜보기만 하면 된다. 하지만 관조자가 생각을 멈추려고 애쓴다면, 그것은 생각에 끌려다니며 괴로움을 당하고 있다는 말이다. 관조자가 생각에 끌려다녔다면, 멘탈은 이미 태양의 입장에서 지구의 입장으로 바뀌었다는 의미다. 그러면 당신은 생각을 주시할 수 없다. 예를 들어 설명하면 당신이 자동차를 운전하면서 떠오르는 생각에 끌려다니면, 목적지에 도착했지만 운전 중에 어떤 생각을 했는지 알지 못하고, 어떻게 운전했는지도 기억이 나지 않는다. 하지만 당신이 떠오르는 생각을 주시하면서 운전을 하면, 떠오르는 생각도 알 수 있고, 어떻게 운전해서 목적지에 도착했는지도 기억이 난다.

관조자가 생각에 끌려다니지 않으려면, 생각을 멈추려고 애쓰지 말고, 생각의 흐름을 소유하려고도 말고, 생각을 있는 그대로 지켜보기만 하는 것이다. 그렇다고 관심을 갖지 않고 무시해버리는 것은 가장 나쁜 방법이고, 통제하려고 애쓰는 것이 그다음 나쁜 방법이다. 관심을 갖고 그저 순진하게, 집착 없이, 관조자가 떠오르는 생각(관찰자)을 있는 그대로 주시하면서 전체 사고를 이해하는 것이, 상호의존성을 사라지게 하는 방법이다. 이것이 '수동적 주시'다.

당신이 마음속에서 떠오르는 생각을 관조자가 수동적으로 주시하면, 의지가 일어나는 것을 알 수 있다. 의지는 자아가 '나'라고 느끼는 '주체I'를 동일시하고, '나 아님'으로 느끼는 '객체me'를 억압할 때 일어난다. 이런 자아는 '나라는 생각'에 뿌리를 두고 있다.

'나라는 생각'이 없는데 어떻게 의지가 일어날 수 있겠는가. '나라는 생각'이 있기 때문에 내 뜻대로, 내가 원하는 대로, 내가 하고 싶은 대로 하려는 자아의 경향성도 생기는 것이다. 반대로 '나라는 생각'이 없으면, 자아의 경향성도 사라진다. 따라서 당신이 의지 없이 상상하려면, '나라고 생각'하는 자아를 관조자가 수동적으로 주시하는 자기탐구야말로 멘탈을 리셋하는 바른 길이다.

관조자는 '나라고 생각'하는 자아가 어떻게 반응하는지, 의도와 목적은 무엇인지, 어떤 태도를 취하는지 수동적으로 주시를 해야 한다. 관조자는 일어난 생각에 대해 어떠한 비난이나 비판, 합리화나 판단하지 말아야 한다. 그저 "말해라. 나는 듣고 있는 중이다."라는 태도로 모든 생각을 있는 그대로 받아들여야 한다. 생각을 억압하는 것이 아니라, 인정하는 것이다. 일어나는 생각들이 누구의 생각인지 찾아보라. 관조자가 '나라는 생각'의 근원을 내면에서 계속해서 찾아보는 과정을 통해 전체 사고를 이해하게 되면, '나라는 생각'들이 저절로 사라진다. 그러면 당신의 멘탈은 리셋이 되어, 의지도 자연히 사라지고 없다.

이제 당신은 '나라고 생각'하는 자아에 대해 수동적으로 주시하는 것이 확고히 자리 잡을 때까지, 예외를 만들지 말아야 한다. 다시 말해 당신은 늘 깨어서 생각을 수동적으로 주시해야 한다는 말이다.

자아는 당신이 사물을 바라보는 방식 안에 있다. 예를 들어 당신은 어떤 것을 악처럼 생각하면, 악이 아닌 것처럼 생각될 때까지, 생각을 수동적으로 주시해야 한다. 당신이 어떤 사람을 몸이 아픈 환자처럼 생각하면, 그가 건강하다고 생각될 때까지, 생각을 수동적으로 주시해야 한다. 한마디로 당신의 멘탈이 상호침투성이 될 때까지, 생각을 수동적으로 주시해야만 리셋이 된다.

이렇게 관조자가 현재의 생각을 수동적으로 주시해서 당신의 멘탈이 태양의 입장으로 리셋하라. 그러면 편안하게 상상을 할 수 있을 것이다. 지금까지 당신은 가난과 실패, 질병, 증오와 복수 등을 계속 생각함으로써, 당신의 삶에서 그것들을 현실로 나타나게 했다. 이제는 부, 행복, 건강, 평화가 나타날 때까지, 관조자가 떠오르는 생각을 수동적으로 주시해서 멘탈을 리셋해야 한다. 그렇다고 당신이 오늘 행했던 자기탐구로 인해서 내일 당장 원하는 것이 현실로 나타나길 기대하지 마라. 기대는 의지를 낳기 때문이다. 그저 당신의 멘탈이 상호침투성으로 조금씩 리셋되는 것을 통해, 합일 의식을 더 확장시켜 나가라.

당신의 멘탈이 상호침투성으로 리셋이 되면, 저절로 의지 없이 상상하고 무위로 행동을 하게 된다. 그러면 어느 날 당신이 원하는 것이 저절로 현실로 나타나 있을 것이다.

2단계 믿어라

너희가 기도할 때에 무엇이든지 믿고 구하는 것은
다 받으리라 하시니라.

- 마태복음 21장 22절

상상은 믿음의 반석 위에서 현실로 나타난다. 믿음은 마음속에 심은 상상의 씨앗을 움틔워 뿌리를 키우기 때문이다. 예수의 가르침이나 위업을 기적이라 말해왔으나, 사실 기적은 믿음 이외의 다른 아무것도 아니다. 기적은 오직 믿음의 힘으로 일어나는 것이다. 그래서 우주는 당신이 믿는 범위까지만, 당신이 원하는 것을 내어준다.

그런데 믿음의 범위는 의심의 범위와 같은 말이다. 왜냐하면 믿음은 의심에서 비롯되기 때문이다. 즉, 믿음/의심은 상호의존적인 관계다. 구속이 전제되지 않으면 자유를 갈망하지 않듯이, 의심이 없으면 굳이 믿는다고 말할 필요가 있을까. 하지만 의심하고 있기 때문에 굳이 믿는다고 말하는 것이다.

그래서 믿음은 의심하지 않는 것이다. 하지만 의심하지 않고 믿는 것은 아주 쉬운 일 같지만, 이 세상에서 가장 어려운 일이다. 자아는 수많은 분리를 통해 비난이나 비판, 이유나 핑계, 합리화를 하면서, 믿음을 방해하기 때문이다. 이것은 당신이 뜨거운 주전자를 손에 들고서, 어떻게 해야 하느냐고 묻는 격이다. 당신이 주전자를 그냥 놓으면 되는데, 놓지 못하는 이유나 핑계를 말한다. 그러면서 손이 뜨겁다고 난리를 치고 있다. 마찬가지로 믿음도 그냥 믿으면 그만이다. 믿음은 이유나 조건이 필요 없다. 하지만 당신이 믿는 이유나 조건을 말하는 것은, 의심하고 있다는 말과 같다.

나아가 당신은 의심하지 않으려고 의지를 세워 노력할수록, 더욱 의심스럽기만 하다. 그래서 의심하는 사람의 마음은 예수도 열지 못했다. 그는 자신의 능력을 의심하는 고향에서는 기적을 일으키지 못했다. 또한, 병을 고쳐준 환자에게는 "네 믿음이 너를 구원하였다."[29]라고 말했다. 예수는 "그대가 바라는 대로 이루어질 것이라."고 말하지 않았다. 그는 '비밀'을 알았기 때문에, "그대가 믿는 대로 그것은 그대에게 이루어지리라."[30]라고 말했다. 성공은 의심 없이 믿는 사람만이 얻을 수 있는 열매다. 반면에 조금이라도 마음 한구석에 의심스러운 마음이 든다면, 그 사람은 틀림없이 실패가 찾아올 것이다.

우리가 품은 의심이 배신자이며, 우리에게 좋은 일이 생길 만한 때가 종종 있어도 이 의심 때문에 놓쳐 버린다.

-윌리엄 셰익스피어William Shakespeare

---

29 마가복음 10장 52절
30 마태복음 8장 13절

그래서 당신은 어떻게 의심하지 않고 믿을 것인가가 중요하다. 하지만 당신의 마음이 두 개의 세계로 분리되어 있는 한, 당신은 끊임없이 의심하는 존재다. 믿음을 갈구할수록 의심은 더욱더 커져만 간다. 그러면 의심하지 않는다는 것을 증명하기 위해, 오직 믿음에만 집착한다. 사이비 종교 집단이나 전체주의 독재국가를 보라. 그들은 자신의 믿음을 의심하지 않는다는 것을 증명하려고, 얼마나 열렬하게 로봇처럼 반응하는가. 이것이 맹신자나 광신자가 되는 이유다.

우주는 당신이 원하는 것이 무엇이든 이미 이루어놓았지만, 당신은 단지 눈에 보이지 않는다는 이유만으로 그것을 믿지 않는다. 당신이 이미 이루어진 것을 믿지 않는다는 증거가 바로 의지가 생기나, 의심을 하거나, 기대가 있거나, 집착을 하거나, 감정이 생기는 것이다. 다시 말해 당신이 원하는 것이 이미 이루어져 있다면, 왜 의지나 의심, 기대나 집착, 감정 등이 생기겠는가. 그래서 믿음은 눈에 보이지 않는 것을 믿는 것이다.

당신이 원하는 것은 당신 주위에 이미 존재해 있다. 다만 당신은 그것들이 실제로 이루어졌다고 굳게 믿어야 현실로 나타난다. 당신은 의지로 원하는 것을 얻는 것이 아니라, 믿음으로 얻는다는 것을 기억하라. 그리고 지금의 상황을 그냥 즐겨라. 당신은 원하는 것을 실제로 얻은 것처럼, 감사한 마음을 가져라. 그러면 상상이 현실로 이루어질 것이다.

명심하자. 믿음의 베일 뒤에는 의심이 감춰져 있다는 사실을. 또 의심스러운 생각이 마음에 들어오면 의심스러운 생각이 줄지어 들어온다는 사실을. 그러니 당신의 멘탈을 당신이 원하는 것이 이미 당신 것이라고 믿음을 갖도록 리셋하라. 그 믿음을 단 한순간도 버리지 마라. 그냥 무조건 믿어라. 믿음에는 어떤 조건도 붙을 수 없다.

당신은 의심스러운 생각이 드는 순간, 곧바로 멘탈을 리셋해야 한다. 의심스러운 생각이 들면, 그 순간 "그것은 내가 아니다. 내가 원하는 것은 무엇인가?"를 물어보라. 그리고 영화를 보듯 "나는 날마다 상상이 점점 더 이루어지고 있다."라고 반복해서 자기암시하라. 의심이 사라질 때까지 자기암시를 멈추지 마라.

당신이 의심이 사라진 마음으로 아침에 눈을 뜨면, 오늘은 어떤 일이 일어나서 원하는 것이 점점 더 이루어질까, 매일이 설레게 된다. 생각해보라. 심지어 당신이 오늘 숨 쉬고 있다는 자체가, 원하는 것에 하루 더 다가간 것이다. 당신 앞에 일어나는 모든 일 하나하나가, 당신이 원하는 것을 이루어지게 하는 일이라는 사실을 알아야 한다. 상상이 현실로 나타난 증거들을 확인하면, 의심은 저절로 사라진다. 이런 사실을 당신이 알게 되면, 하루하루 일어나는 모든 일들에 감사하게 된다. 그러면 매일매일이 경이롭다.

당신의 마음에서 의심스러운 생각 자체를 완전히 사라지게 하려면, 과거의 기억을 응시하여야 한다. 과거의 기억에서 상호의존성의 씨앗이 제거되지 않는 한, 의심스러운 생각은 멈출 수 없다. 대부분의 의심은 과거의 기억에서 비롯된다. 의식과 무의식이 괴리가 생기면 의심이 생긴다. 예를 들어 무의식은 "가난이 좋아."라고 여기지만, 의식은 '부자가 되고 싶다.'라고 생각할 경우, '나는 부자가 될 수 없어.', '부자가 될 사람은 따로 있어.', '내가 어떻게 부자가 될 수 있겠어.'라며 의심하게 되는 것이다.

그래서 관조자가 과거의 기억(관찰자)을 응시하여, 의심의 원인들을 찾아내어 제거해야 한다. 그렇게 과거의 기억을 상호침투성 상태로 다시 재연하는 것을 응시한다고 말한다. 관조자가 과거의 기억을 응시하여 전체 사고를 이해하면, 멘탈을 리셋할 수 있다.

당신이 문제를 해결하고, 몸을 치유하고, 상황과 환경을 변화시킬 힘은 모두 당신 안에 있다. 그 힘이 바로 '믿음'이다. 믿음이란 당신이 원하는 것이 이미 이루어져 있다는 것을 자기 자신에게 확신시키는 것이다. 믿음은 의심하지 않고 눈에 보이지 않는 것을 믿는 것이다. 상상만으로는 원하는 것을 끌어당기지 않는다. 오직 믿는 것만을 항상 끌어당긴다. 상상은 이미 이루어져 있다는 것에 대해 의심 없는 믿음이 완성되는 순간, 현실로 나타나게 된다. 그래서 상상이 현실로 나타나는 속도는, 당신이 얼마나 믿고 있는가에

정비례한다. 결국, 당신의 믿음이 확고하면 할수록, 원하는 것이 무엇이든 현실로 나타나는 속도는 빨라질 것이다.

증거를 확인하라

믿음은 바라는 것[결과]들의 실상이요, 보이지 않는 것[원인]들의 증거다.
- 히브리서 11장 1절

'비밀'은 마음의 법칙이기에 '비밀'이 작동하려면, 목에 칼이 들어와도 '비밀'을 굳게 믿어야만 한다. 당신이 이 사실을 인식하고 있든 그러지 못하든, '비밀'은 언제나 당신의 믿음에 따라 완벽하게 작동하고 있다. 예를 들어 세 명의 사람이 원하는 것이 똑같다고 하더라도 현실로 나타나는 것은 천차만별이다. 왜냐하면 각각은 자신이 받을 수 있는 양만큼 믿었기 때문이다. 다시 말해 그들 각각은 우주로부터 자신의 믿음만큼만, 자신이 원하는 것을 받을 수 있다. 이것이 자연의 법칙이자 뿌리는 대로 거두는 '비밀'이다.

당신은 상상이 이미 이루어졌다는 믿음이 현실로 나타나는 증거들을 확인하면, 신념이 된다. 믿음이, 신념이 되면, 의심이 들어올 틈이 더 이상 없다.

신념은 당신이 원하는 것이 이미 이루어져 있다는 사실에 대해, 의심하지 않겠다는 굳은 믿음이다. 신념은 무의식에 전달되어 씨

상상 ▶ 증거 확인 ▶ 강한 신념

앗을 바꾸는 역할을 한다. 이러한 신념이 상상과 결합할 때, 무의식이 자극을 받아 무한한 지혜가 용솟음친다. 그러면 씨앗을 움틔우고 뿌리를 키우게 된다. 나아가 무위로 행동하면, 당신이 원하는 열매를 믿지 못할 정도로 무한정 얻을 수 있다. 이것이 진실이라는 것을 명심하라.

당신이 '비밀'을 믿고 있는지 아닌지 알 수 있는 방법은, 당신이 원하는 것이 실제로 현실로 나타나는 증거들을 확인하면 알 수 있다. 이런 경험들이 실제로 있었다면, 당신은 알고 했든 모르고 했든 '비밀'이 이미 작동한 것이다. 당신이 원하던 대로 상황이 맞아떨어지거나, 생각지도 못한 뜻밖의 사람을 만나 문제가 해결됐던 경험이 있는가? 또는 당신이 필요로 했던 돈이나, 물건이 우연히 들어온 경험은? 당신이 잘 모르는 사람 덕분에 기회를 잡은 경험은? 특정한 시간과 장소에 때마침 있었던 덕분에 위험한 상황을 피했던 경험은? 이런 경험을 예전에 당신은 기적이나 운이라고 불렀다. 하지만 이제 당신은 기적이나 운이 왜, 어떻게 일어나는지 별로 신기하지 않을 것이다.

사람들은 '비밀'의 원리를 알지 못하면, 기적이나 운이라고 부른다. 하지만 비행기가 하늘을 나는 원리를 알면 전혀 신기하지 않듯이, '비밀'의 원리를 알면 그냥 당연한 일이 일어난 것뿐이다.

명심하라. 당신이 원하는 것이 무엇이든 존재하지 않는다면, 당신 앞에 모습을 드러낼 수 없다. 다시 말해 당신이 원하는 것은 이미 존재하기에 당신 앞에 모습을 드러낸 것이다. 세상 만물도 이미 존재하기에 세상에 모습을 드러낸 것이다. 당신이 원하는 것이 이미 존재하고 있다는 사실을 알게 된다면, 그것이 현실로 나타난다는 것을 확신하게 될 것이다.

이제는 당신에게 일어나는 일이 성공이든 실패든, 일어난 일들은 모두 당신이 원하는 것을 이루기 위한 과정이라는 사실을 알 것이다. '이건 내게 맞는 일이 아니야.', '그는 내가 원하는 사람이 아니야.'라고 생각할 필요가 전혀 없다. 맞는 일이 아니면 아닌 대로, 찾던 사람이 아니면 아닌 대로, 모두 원하는 것을 얻게 할 것이다.

예를 들면 이 책을 출간하기 위해서 수백 군데가 넘는 출판사에 원고를 보냈다. 하지만 "출판사 방향과 맞지 않는다.", "내용이 어려워 출간하기 어렵다.", 심지어 "뚜렷한 콘셉트가 없다."라며 거절하는 회신이 하나둘 돌아왔다. 그렇다고 상심했을 것 같은가? 결코 아니다. 오히려 거절을 빨리해준 것이 감사했다. 이 책의 '비밀'에 확신이 없는데 출간만 한다고 성공할 수 있겠는가. 그런 출판사라면 인연이 아닌 것이다. 그렇게 이 책을 출간할 수 없는 출판사가 하나 줄어든 만큼, 출간이 가능한 출판사는 늘어난 것이다. 그 결과 어떻게 되었는가. 당신에게 일어나는 모든 일들은, 당신이 원하는 것을 얻기 위한 일들이라는 것을 명심하라.

당신이 "뜻밖에, 어쩌다가, 저절로, 상황이 딱 맞아 떨어지는, 운이 좋은, 우연히, 행운, 동시에, 자연스럽게, 운명, 인연과보, 숙명적으로 ~ 할 수밖에 없다."라와 같은 단어나 표현을 사용하고 있다면, 당신이 알든 모르든 이미 '비밀'이 작동하고 있는 것이다.

인류 역사상 성공했던 사람들이라면 노력, 끈기, 재능, 꿈과 같은 단어를 많이 쓸 것 같지만, 실제로는 가장 많이 쓴 단어는 행운에 관련된 단어였다. 이제부터 당신은 원하는 것이 하루하루 현실로 나타나고 있는 것을 확인하라. 행운은 한꺼번에 오는 것이 아니라, 사소한 것부터 조금씩 찾아온다는 사실을 기억하라.

다시 말하지만 당신이 의심을 없애는 위해서는 현실로 나타난 증거들을 확인하는 것이다. 인간은 증거를 확인해야 어떤 현상을 믿는 존재이기 때문이다. 그래서 당신도 누군가가 증거를 보여줘야 "그래 이제 믿을 수 있어!"라고 말하며 믿기 시작하지 않았는가. 당신이 필요했던 것이 우연한 기회에 생겼는가. 원하는 대로 상황이 잘 맞아떨어졌는가. 보고 싶던 사람을 길거리에서 우연히 만난 적이 있는가. 떨어져 있던 사람과 생각이 같은 적이 있는가. 사실 당신에게 일어난 일들은 모두 당신이 원하는 것을 얻기 위해 나타난 증거들이다. 지금 당장 상상이 현실로 어떻게 나타나는지 증거들을 확인하라. 당신이 현실로 나타나는 증거들을 확인하면, 당신의 멘탈은 믿음이 단단해지게 리셋이 된다. 나아가 당신의 멘탈이 믿음으로 굳건하면, 미래에 어떤 일이 일어날지 어떻게 살아야 할지 걱정도 불안도 사라진다. 당신 앞에 일어나는 모든 일은 당신이 원하는 것을 얻기 위한 과정이라고 믿기 때문이다.

당신의 마음에 의심이 사라지면 편안함을 느낀다. 편안함에 머무는 사람에게는 모든 것이 가능하다. 당신의 멘탈을 편안하게 유지할 수 있다면, 어떤 혼란으로부터도 평화를 이루어 낼 수 있다. 그러니 지금부터 상상이 현실로 나타난 증거들을 확인하라. 당신이 현실로 나타난 증거들이 모두 상상의 결과라고 믿게 되면, 멘탈은 리셋이 되어 기다림의 시간이 줄어들 것이다.

과거의 기억을 응시하라

당신이 원하는 것에 대해 어떻게 생각하고, 어떻게 행동해야 하는지, 당신은 어렸을 때부터 배우며 자랐다. 이렇게 부지불식간에 배운 것들이 무의식에 쌓여 살아가는 내내 자동적인 반응으로 나타난다. 중요한 것은 무의식에 쌓인 상호의존성에 기반한 생각이나 경험들은, 모두 부정적인 것들이라는 사실이다.

당신의 생각은 마음속에 있는 기억에서 비롯된다. 무의식은 기억의 창고다. 그래서 무의식에서 자동적으로 일어나는 과거의 기억이, 모든 의심을 불러일으키는 주범이다. 왜냐하면 무의식의 부정적인 것들과 현실이 괴리를 일으키기 때문이다. 예를 들어 당신은 부자가 되고 싶어 한다. 하지만 무의식에서 과거의 기억은 부자에 대한 거부감을 가지고 있다. 그러면 과거의 기억에서 만들어진 무의식이 현실에 대해 의심을 낳는다. 의심은 감정을 낳고 감정은 행동을 낳는다. 행동은 결과를 만든다. 그 결과가 당신의 현재 모습이다.

그렇다면 당신은 현재의 모습에 만족하는가? 당신뿐만 아니라 대부분의 사람들은 현재의 모습에 만족하지 않는다. 왜 그럴까? 자신의 생각보다 현재의 모습이 너무 초라하기 때문이다. 그런 생각은 모두 과거의 기억에서 비롯된다.

당신이 현재 모습에 만족하지 못하고 의심스러운 생각이 떠오른다면, 먼저 현재의 의심스러운 생각을 수동적으로 주시해서, 멘탈을 태양의 입장으로 리셋해야 한다. 다음으로 당신 안에 이미 쌓여 있는 과거의 기억들을 상호침투성으로 리셋해야 한다. 그래야 의심 없는 믿음이 가능하다.

그렇다면 당신은 어떻게 과거의 기억에서 상호의존성을 사라지게 할 수 있을까? 당신이 종이에 글을 쓰고 버렸다고 하더라도, 그 글은 여전히 종이에 남아 있다. 당신이 글을 지워버릴 수 있는 유일한 방법은, 종이 위에 다른 글을 쓰는 것뿐이다. 마찬가지로 기억을 바꿀 수 있는 유일한 방법, 기억 위에 다른 기억을 쓰는 멘탈 리셋뿐이다. 당신은 과거에 당신이 걸었던 발자취 위로 새롭게 걸어감으로써, 그 흔적을 지워야만 한다. 이것이 바로 과거의 기억을 응시하는 자기탐구다. 즉, 과거와는 다른 마음 상태를 지님으로써, 과거의 기억에 새겨진 상호의존성의 흔적들을 무효로 만들어야만 한다. 그러면 상호의존성을 기반한 기억을 상호침투성으로 만들 수 있다.

당신의 현재 모습은 아래의 3가지 기본 방식에서 영향을 받아 나타난 결과다. 어린 시절에 눈으로 보고, 귀로 듣고, 몸으로 경험한 것들이, 당신의 무의식에 여러 가지 조건들을 규정해놓는다. 그렇게 과거는 사라지지 않고, 당신의 현재와 미래에 계속해서 영향을 주고 있다. 과거에 규정된 조건들이 현실과 만날 때, 의심이 생기는 것이다.

◆ 어린 시절에 어떤 말을 듣고 자랐는가?

당신이 어렸을 때 들었던 말들이 모두 당신의 무의식에 남아 있다. 예를 들어 당신이 "돈 벌기가 힘들다. 가난에서 벗어날 수 없다. 부자는 나쁘고 탐욕스럽다."라는 말을 듣고 자랐다. 그러면 돈, 가난, 부자에 대한 부정적인 생각이 무의식에 남게 된다. 그 결과 당신이 아무리 돈을 벌려고 해도, 가난에서 벗어나려고 해도, 부자가 되려고 해도, 무의식이 거부하기 때문에 당신이 원하는 것에 의심이 생기게 된다.

◆ 어린 시절에 누구를 보고 자랐는가?

어린 시절 보고 자란 사람의 태도와 습관은 당신의 무의식에 남게 된다. 대부분은 부모님이거나 친척들, 선생님이거나 존경하는 인물일 것이다. 당신이 보고 자란 사람의 태도와 습관은 의식하지 못하는 사이에, 당신이 원하는 것에 의심을 갖게 한다.

◆ 어린 시절에 어떤 특별한 경험을 하였는가?

당신이 부여잡고 있는 믿음의 근원은 경험이다. 그런 당신의 경험이 의식하지 못하는 사이에 당신이 원하는 것에 의심을 갖게 한다.

당신이 현실을 바꾼다는 말은 과거를 바꾸는 것을 뜻한다. 당신에게 지금 일어나고 있는 불행의 원인은, 바뀌지 않은 과거의 기억속에 있다. 과거라는 것이 현재 안에서 재창조되는 것이라면, 마찬가지로 과거를 바꾸면, 그렇게 바뀐 과거가 현재 안에서 재창조가될 것이다. 그렇게 하려면 당신은 모든 기억의 한가운데서 관조자가 '무선택적 응시'를 해야 한다.

선택은 상호의존성이라서 선택하는 사람은 마음이 두 개의 세계로 분리되어 있다는 말이다. 마음이 두 세계로 분리된 사람은 해야할 일이나 해서는 안 될 일을 선택한다. 따라서 무선택적 응시란관조자가 과거의 기억(관찰자)에 대해 '이것' 아니면 '저것'을 선택하지 않고, 있는 그대로 바라보는 자기탐구를 말한다. 관조자가 무선택적 응시를 해야만, 과거의 기억에서 상호의존성을 사라지게할 수 있다. 이렇게 당신의 멘탈이 원하는 것에 대한 과거의 기억이 상호침투성으로 리셋이 되면, 의심은 저절로 사라진다. 그래서과거는 바꿀 수 없다는 말은 거짓말이다. 당신의 과거는 불변하는것이 아니라, 리셋 할 수 있다.

그렇다면 당신은 위의 3가지 질문에 진지하게 답해보라. 과거의기억들을 생생하게 떠올려보라. 관조자가 과거의 기억 속에서 규정해놓은 조건들을 무선택적으로 응시해보라. 관조자가 무선택적 응시를 할 때, 기억에 대해 판단하지 않고, 회피하거나, 각색하거나, 손대거나, 합리화하지 않고, 단순히 기억을 무선택적으로 응시해야 한다. 어떤 느낌이 나타나더라도, 기억을 무선택적으로 응시하라. 그 느낌에 대한 증오가 나타나더라도, 기억을 무선택적으로 응시하라. 그 증오에 대한 증오심이 나타나더라도, 또다시 기억을 무선택적으로 응시하라. 과거 규정된 조건들로 인해 의심이 생기지 않을 때까지, 계속해서 무선택적으로 응시하라. 현실과 과거는 하나로 연결된 구조라는 것을 명심하자. 관조자가 과거의 기억에 대해 전체적으로 이해할 때, 당신의 멘탈은 상호침투성으로 리셋이 되는 동시에 의심도 저절로 사라진다.

관조자가 무선택적 응시를 하는데 '내가 응시하고 있다.'라는 느낌이 가장 큰 장애물이다. 그 느낌은 의지가 있다는 것이다. 관조자가 무선택적 응시를 하는데 어떤 식으로든 노력하면, 그것이 바로 구속이 된다.

신비가와 현자들은 무선택적 응시 상태를 거울에 비유하기를 좋아한다. 거울은 어떠한 생각이나 감정에도, 매달리거나 밀쳐내는 일 없이, 그냥 비추고 있을 뿐이다. 거울은 완전하면서도 공평하게 그 앞을 지나치는 모든 것을 그저 비춘다.

그래서 장자는 "완전한 사람至人=眞人은 마음이 움직이는 것이 거울과 같다. 거울은 아무것도 붙들지 않고 거절하지도 않는다. 그것

그림 4-5. 구면거울에 비친 세상

은 받아들이지만 감추지 않는다至人之用心若鏡, 不將不迎, 應而不藏."31라고 말했다.

여기서 말하는 무선택적 응시는 평면거울이 아니라, 구면거울이라고 할 수 있다. 평면거울이면 자기 얼굴만 보고 세상은 다 보지 못하지만, 구면거울은 자신을 포함하여 세상 전체를 볼 수 있기 때문이다.

구면거울과 같은 '무선택적 응시'는 자아가 육체적 한계를 벗어나기 위해, 미래의 무엇이 되려고 하거나 무엇을 이루려고 하는 자아의 확장성을 멈추는 것이다. 생각을 꽉 부여잡고 있던 과거에 규

---

31 장자, 내편 內篇 응제왕 應帝王

정된 조건들이 사라지면, 당신은 과거의 구속에서 풀려날 것이다. 그러면 마음에는 의심이 사라지고, 당신이 원하는 것이 이미 이루어졌다는 굳은 믿음만 남도록 멘탈은 리셋이 될 것이다. 그 믿음에 따라 당신이 원하는 것이 현실로 나타나는 속도는 정비례한다.

3단계 감사하라

무엇이든지 기도하고 구하는 것은 받은 줄로 믿으라
그리하면 너희에게 그대로 되리라.

– 마가복음 11장 24절

감사는 당신이 씨앗을 뿌리고 키워 맺은 열매에 대한 마음가짐
이다. 당신의 마음이 두 개의 세계에서 하나의 세계로 합일이 되
면, 즉 당신의 멘탈이 태양의 입장에서 세상을 바라보면, 모든 것
은 단 한마디로 요약할 수 있다. '감사'가 그것이다. 하지만 당신이
지구의 입장으로 살아가기 때문에 감사가 부족하다. 아니, 진정한
감사가 무엇인지조차 알지 못한다. 그래서 우주로부터 선물을 하
나 받고도, 감사의 마음을 갖지 못해 우주와의 관계를 단절시키고
만다.

당신이 '비밀'에 가깝게 살수록 더 부유하게 된다는 것을, 이제는
말하지 않아도 쉽게 알 수 있다. 또한, 우주에 대해 감사의 마음을
가져본 적이 없는 사람보다는, 늘 감사하는 마음을 가지고 있는 사
람이 '비밀'의 원리대로 살고 있다는 것도 알 수 있다. 이 '비밀'을
아인슈타인은 아주 잘 알고 있었다. 그래서 그는 날마다 수백 번씩

"감사합니다."라고 말했다. 자기보다 앞서 길을 걸어간 위대한 과학자들에게 그 공로에 감사를 표했고, 그래서 더 많이 배우고 성취할 수 있게 된 것에 감사해했다. 당신도 원하는 것들이 생길 때마다, 우주에 감사하면 할수록 원하는 것들을 더 많이 더 빨리 얻게 될 것이다. 감사하는 마음이 부와 성공을 가져다주는 우주와 당신을, 더욱 긴밀하게 연결해주기 때문이다.

예수가 하나님에게 자신을 위해, 무언가를 해달라고 기도했다는 기록은 찾아볼 수가 없다. 단지 감사를 드리며 '비밀'이 작동하게 했을 뿐이다. 이것이 '비밀'을 작동하게 멘탈을 리셋하는 방법이다. 감사하는 마음을 통해 당신의 소망이 우주의 창조 에너지(미립자)와 밀접한 조화를 이루게 된다.

당신이 가지고 있는 것들은, '비밀'의 원리에 따라 행동한 결과가 현실로 나타난 것뿐이다. 감사하는 마음은 이러한 원하는 것들이 오는 길목으로 당신을 이끌어줄 것이며, 창조적인 상상과 조화를 이루게 하여, 당신이 경쟁 상태로 빠져들지 않도록 해줄 것이다. 예를 들면 지금 당신의 통장에 돈이 얼마나 들어 있는지는 중요지 않다. 돈을 쓰는 그 순간 감사하는 마음이 핵심이다. 그 감정 에너지(미립자)가 돈을 끌어당긴다. 아무리 작은 액수도 상관없다. '지금 나에게 돈이 충분히 있다'는 풍요에 집중하는 데서 시작한다. 그 감정이 커져갈수록, 돈을 벌 수 있는 당신의 능력에 감사하게 된다. 또 돈을 벌어다 준 세상에게 감사하게 된다. 나아가 돈을 이미 이루어놓고 기다려준, 우주에게도 감사하게 된다.

당신이 원하는 것을 어떻게 얻을까 하는 방법에 관심을 두지 마라. 방법은 당신이 관장할 수 없는 우주의 영역이다. 그러니 방법은 우주에 맡기고, 당신은 원하는 것의 최종 결과로부터 의지 없이 상상하고, 상상이 이미 이루어져 있다고 의심 없이 믿고, 원하는 것을 이미 받은 것에 감사하라. 당신이 이미 받았다고 감사해하면, 우주와 하나가 된 공명 상태가 된다. 그러면 방법은 저절로 당신 앞에 나타날 것이다. 왜냐하면 당신이 원하는 것이 이미 이루어져 있듯이, 방법도 이미 존재하고 있기 때문이다. 우주는 언제나 가장 빠르고 짧고 조화롭게 원하는 것을 얻는 지름길을 알고 있다.

사실 당신이 세상에 감사하지 않을 일은 하나도 없다. 당신이 가장 감사해야 할 일은, 지금 숨 쉬고 살아 있다는 것이다. 죽음 이후의 여정이 신비라고 하지만, 이보다 더 궁극적이고 경이로운 신비는, 당신이 지금 살아 있다는 것이다. 당신이 지금 살아 있다는 것이 죽음보다 훨씬 더 경이로운 것이다. 하지만 당신은 지금 살아 있다는 것을 너무나 당연하게 여긴다. 그만큼 당신은 감사해할 줄 모른다. 왜냐하면 마음이 나/너, 나/세상 등으로 분리되어 상호의존성으로 살아가기 때문이다. 그래서 진정한 감사는 나와 너, 나와 세상 등이 분리되지 않고, 하나라고 인식될 때 생기는 것이다. 당신이 세상이고 세상이 곧 당신이라면, 무엇이 경이롭지 않겠는가. 길가에 핀 꽃이 당신인데 얼마나 아름답지 않겠는가. 바람은 어떠한가. 하늘은 어떠한가. 사람들은 어떠한가. 그렇게 당신이 모든 일에 대해 감사해하면, 놀랍게도 감사해야 할 일들이 끊임없이 꼬리를 물고 이어진다. 그러면 예수의 말처럼 "천국은 네 안에 있다."
라는 사실을 알게 될 것이다.

입이 닳도록 말하지만, 당신이 원하는 것이 이미 이루어졌다는
사실을 믿어야 한다. 나아가 당신이 원하는 것을 이미 받았다고 감
사해하면, 그 상태와 당신이 하나가 된다. 이것이 우주와 당신이
하나가 된 상태. 그렇게 하나가 되면, 당신은 변화된 원인에 맞
춰서 행동하게 된다. 즉, 원인이 변하면 행동이 변하고, 행동이 변
하면 결과도 변한다.

명심할 것은, 하나 된 상태가 일시적인 것이 아니라, 계속 지속되
어야 한다는 것이다. 일시적인 변화는 진정한 씨앗의 변화가 아니
다. 왜냐하면 잠시 태양의 입장에 머물다가 원래 살던 지구의 입장
으로 돌아가 버린 것이기 때문이다. 하지만 당신의 멘탈이 태양의
입장으로 리셋이 되어, 마음에 견고하게 자리 잡아 습관이 되면,
성격도 바뀌게 한다. 당신이 바뀐 성격으로 세상을 살아가면, 당신
이 원하는 것은 현실로 반드시 나타날 것이다.

명심하라. 당신이 원하는 것을 이루려는 의지는, 그것을 밀어내
면서 쫓아가는 것이다. 하지만 당신이 원하는 것이 이미 받았다고
감사해하면, 그것을 끌어당겨 저절로 찾아오게 만드는 것이다. 따
라서 당신이 원하는 것을 이미 받았다고 늘 감사하라. 그러면 우주
는 이미 이루어놓은 미래의 모습을 현실로 나타나게 할 것이다.

익숙한 것들과 이별하라

뭔가를 저항하면, 그것은 사라지지 않고 버틴다.

-칼 융

    당신은 하루하루 의식적으로 선택하며 사는 것 같지만, 실은 전혀 그렇지 않다. 아무리 의식적으로 선택하며 산다고 생각하는 사람도, 그 순간을 인식하여 선택하는 일은 몇 가지 정도에 불과하다. 대부분의 사람들은 로봇처럼 과거에 주입된 조건에 따라, 자동적으로 움직인다. 당신도 그저 아침에 일어나 밥을 먹고, 일을 하러 가고, 잠을 자고, 다시 일어나는 다람쥐 쳇바퀴 도는 식으로 살고 있지는 않은가? 아니면 성공을 위해 잠깐의 여유도 없이 바쁘게 살고 있지는 않은가? 이런 질문에 대답해보면서, 당신을 진단해봐야만 한다.

    습관의 속박에서 벗어나라. 그러려면 당신이 원하는 것이 현실로 나타나는 증거를 확인하라. 그러면 확신이 생길 것이다. 이런 확신이 당신의 마음에서 동트기 시작할 때, 습관의 굴레를 벗어나게 해줄 무언가가 내부에서 일어나기 시작한다. 그것이 바로 감사다.

    당신이 감사해하지 않는 가장 큰 이유는 습관이다. 습관은 생각이 마음 깊은 곳까지 도달하게 된 기억이다. 즉, 생각이 기억이 되면, 기억은 다시 생각이 된다. 그래서 생각 또한 습관이다. 생각이 습관이 되어 무의식에 쌓이면, 모든 것이 익숙해진다. 익숙해지면

편안하게 느껴지는 동시에 감사해하지 않는다. 이런 습관은 '비밀'
의 편안함이 아니라, 편안한 느낌을 주는 환상이다.

당신은 지금 숨 쉬며 살아 있다는 것에 감사한 적이 있는가? 당
신이 지금 살아 있다는 것이 세상에서 가장 감사한 일임에도, 당신
은 그렇게 생각하지 않는다. 또 당신은 함께 사는 가족에게 감사한
적이 있는가? 당신은 늘 함께할 수 있는 가족이 있다는 것이 감사
한 일임에도, 가족의 소중함을 알지 못한다. 왜 그럴까? 익숙하기
때문이다. 다른 모든 것들도 마찬가지다. 익숙해지면 감사할 줄 모
른다.

그렇다면 당신은 어떻게 익숙한 것들과 이별할 수 있을까? 예수
는 "악에 저항하지 마라"고 말했다. 악을 피하는 유일한 방법은, 악
을 인식하지 않는 것이다. 당신이 악을 계속해서 인식하고 있다면,
당신은 악을 확고하게 존재하는 것으로 만드는 것이다. 악을 인식
하지 않으면, 악은 아무런 힘을 발휘할 수 없다. 그래서 악은 당신
이 관심을 두지 않는 순간부터, 더 이상 존재하지 않게 된다.

익숙한 것들과의 이별도 마찬가지다. 당신이 원하는 것을 얻는
다면, 그만큼 원하지 않는 것과는 저절로 멀어지듯, 당신이 감사하
는 만큼 익숙한 것들은 저절로 멀어진다. 익숙한 것들을 멀어지게
하려고 애쓰지 말고, 모든 것에 감사하라. 그렇지 않으면 정반대로
익숙한 습관이 더 많이 생길 것이다. 당신이 습관을 바꿨다는 것은
사실은 다른 습관으로 대체했을 뿐이다. 그래서 당신이 할 일을 감
사를 더 많이 하는 것뿐이다. 그러면 익숙한 것들과는 저절로 이별

하게 된다.

당신이 익숙한 것들과 이별하기 위한 좋은 방법은, 매일 '감사 일기장'을 작성하는 것이다. 매일 같이 당신이 원하는 것이 이루어지는 것을 감사해하며, 당신의 미래 모습을 현실로 받아들이는 것이 멘탈을 리셋하는 것이다. 이렇듯 감사란 현실을 변화시키는 힘을 가진 귀중한 에너지다. 게다가 감사는 생명력과 연결되어 있다. 당신의 상황과 환경을 바꿀 수 있는 열쇠는, 바로 생각이 아니라 감사다. 당신의 감사로 당신이 원하는 것을 현실로 나타나게 하는 것, 그것이 바로 뿌리는 대로 거두는 '비밀'이다.

지금 이 순간을 살아라

당신은 왜 잠시도 가만히 있지를 못하는 것일까? 무엇을 하면서도 다른 일을 생각하고, 무엇을 끝내면 곧바로 다른 일을 해야 한다. 당신이 가만히 있을 때는 수면과 죽음뿐이다. 사실 엄밀히 따지면 잠자는 시간에도 당신이 인지하지 못할 뿐이지, 당신은 잠시도 가만히 있지를 못한다. 그렇다면 오직 죽어야 가만히 있을 수 있다. 즉, 당신이 가만히 있다는 것은 죽었다는 말과 같다.

당신을 한번 보라. 당신은 잠시도 쉬는 법이 없다. 왜 그러는 것일까? 여러 가지 이유가 있겠지만, 한마디로 불안하기 때문이다. 그래서 당신은 지금 이 순간을 살지 못한다. 당신은 왜 불안한 존재일까? 당신의 마음이 과거/현재 또는 현재/미래로 분리되면, 자동적으로 과거나 미래를 생각하기 때문이다. 그래서 당신은 과거나 미래에서 살지, 지금 이 순간을 살지 못하는 것이다.

그렇다면 당신이 왜 불안해하는지 자세히 알아보자. 당신의 현재는 과거의 결과이고, 미래는 과거의 조건들이 투영된 결과다. 조건이란 가정에서, 학교에서, 사회에서 습득한 지식과 가치관, 경험과 전통, 이념과 신앙 등으로 이루어져 있다. 조건은 한마디로 상호의존성에 따라 생각하거나 경험했던 과거의 기억이다. 그런데 그런 조건이 투영된 미래는 항상 현재보다 좋아야한다는 것이다. 미래가 현재보다 좋아져야 한다고 생각하면, 미래는 두렵고 현재는 늘 불안하다. 그래서 당신은 불안을 해소하고자 늘 무엇을 끊임없이 집착해야 한다. 불안을 없애는 가장 좋은 방법은 무엇에 집착하는 것이다. 무엇에 집착하고 있으면 불안을 잊어버리기 때문이다. 그래서 당신은 불안을 없애기 위해 끊임없이 무언가를 집착하고 있다.

당신의 현실에 어떤 혼란한 상황이 있다면, 분명히 당신의 마음에 불안이 존재한 것이다. 마음이 과거/현재 또는 현재/미래로 분리되면 불안이 생기고, 그 불안이 현실로 나타난다. 즉, 당신은 불안한 마음이 현실로 나타난다는 사실을 깨달을 때만, 현실(결과)을 보면서 원인을 해석할 수 있다. 이 문제를 해결하는 방법은, 당신이 멘탈을 상호침투성으로 리셋하는 것뿐이다. 그러려면 당신은 마음속으로 문제가 해결된 모습을 매일 떠올려보면서, 이미 이루어진 현실로 받아들이는 것이다. 문제가 이미 해결됐다고 생각하면, 문제는 없는 것이다. 이처럼 미래 모습을 이미 이루어진 현실로 받아들이면, 마음이 과거/현재 또는 현재/미래로 분리되지 않아, 불안이 사라진다. 불안이 사라지면 편안해진다. 이렇게 당신의 멘탈이 편안하면, 당신은 지금 이 순간을 살아가는 것이다.

당신이 느끼고 집중해야 할 것은 바로 '지금 이 순간'이다. 당연히 감사의 첫걸음도, 지금 이 순간에서 출발해야 한다. 감사는 지금 이 순간에 하는 것이지, 과거나 미래에 하는 것이 아니다. 감사는 과거형이나 미래형이 아니라, 오직 현재형인 셈이다.

우주는 당신이 지금 이 순간에 생각하는 것만 반응하고, 그에 맞는 결과를 가져다준다. 단지 원인이 결과로 전환되는 시간이 필요할 뿐이다. 지구에서 가장 더운 날은 낮의 길이가 가장 긴 6월이 아니라, 7월이다. 반면에 가장 추운 날은 낮의 길이가 가장 짧은 12월이 아니라, 1월이다. 이처럼 당신이 상상하는 것은 에너지(미립자)가 물질로 전환되는 시간이 필요할 뿐이지, 당신이 원하는 것이 무엇이든 이미 존재하고 있다.

당신은 눈에 보이지 않는 에너지(미립자)가, 상상을 현실로 계속해서 만들고 있다는 확신을 갖고, 지금 이 순간을 살아야만 한다. 조급함이나 걱정이 있어서는 안 된다. 노력해서 무언가를 한다고 생각해서도 안 된다. 조급함이나 걱정, 노력을 한다는 말은 지금 이 순간을 살지 못하고, 마음이 과거 또는 미래에 있다는 것이다. 즉, 조급함이나 걱정, 노력은 멘탈이 상호의존성의 법칙을 따를 때 생기는 의지에서 비롯된다. 그러면 우주는 정확하게 정반대의 결과를 현실로 나타나게 한다.

당신의 멘탈이 상호침투성의 법칙을 따르면, 고요하고 편안한 느낌만 있다. 이렇게 아무 근심걱정이 없는 편안함을 느낄 수 있다는 것은, 지금 이 순간을 살고 있기 때문이다. 마음이 과거/현재 또는 현재/미래로 분리되지 않아, 두려움과 불안이 없기 때문이다. 이렇게 당신이 지금 이 순간을 살아가면, 당신이 원하는 것이 무엇이든 현실로 반드시 나타나게 된다.

당신은 사람의 인생을 어떻게 예견할 수 있냐고 반문하겠지만, 어제 밥을 먹었고, 오늘도 밥을 먹었고, 내일도 밥을 먹을 것이라는 것을 아는 것과 같이 아주 단순한 이치다. 그래서 세상에 예언자는 결코 존재하지 않는다. 예언자는 미래를 예언하는 것이 아니라, 원인이 계속된다면 앞으로 일어날 결과를 미리 보는 것뿐이다. 그래서 예언자는 피할 수 없는 일을 말해주는 것이 아니라, 당신이 이렇게 계속 생각한다면 어떤 일들이 일어날 것이라고 말해주는 것이다.

우주는 '없다'가 없다. 우주에는 모든 것이 이미 있기 때문이다. 그래서 하나님의 형상대로 창조한 인간도 '없다'는 생각을 할 수 없다. 이해를 돕기 위해 예를 하나 들어보자. 당신이 손에 레몬을 하나 들고 있다고 생각하라. 그리고 당신은 그 레몬을 방금 먹어버렸다. 이제 당신 손에는 레몬이 없다. 자! '레몬이 없다'고 생각해보라. 어떠한가? 신기하게도 '레몬이 없다'고 생각하면 할수록, 레몬이 계속해서 떠오른다. 게다가 당신은 시큼한 레몬을 상상하기만

해도, 입에는 침이 고인다. 이렇듯 인간은 현실과 상상을 구분하지 못한다. 그래서 상상이 현실을 만드는 것이다. 이것이 자연의 법칙이자 당신이 원하는 것을 얻는 '비밀'이다.

자! 그렇다면 당신이 원하는 것을 자세히 상상해보라. 당신이 원하는 것을 갖게 됐을 때, 어떤 모습이었으면 좋겠는지를 아주 구체적으로 상상하라. 의지 없이 분명한 이미지를 그리려면, 언제나 최종 결과로부터 상상하라. 당신이 원하는 것이 이미 이루어져 있다고 믿고, 그 때의 감정을 느껴라. 현실에서 원하는 것을 이미 받은 것처럼 행동하라. 그리고 원하는 것이 현실로 나타나는 것을 매일 확인하라. 그리고 그것을 보내준 우주에게 감사하라.

이제부터 당신은 원하는 것을 이미 받은 것에 감사하라. 그리고 편안한 마음으로 확신을 가지고, 지금 이 순간을 살아라. 현실로 나타나는 과정에서 실패처럼 보이는 사건들이 많이 일어날 것이다. 그런 사건들은 모두 성공을 위한 과정이다. 일희일비一喜一悲하지 마라. 이렇듯 당신에게 일어나는 사건들에 멘탈이 흔들리지 않는 상태까지 도달하게 된다면, 이 '비밀'을 확신하게 될 것이다. 당신이 매일 나타난 증거에 감사해하면, 상상이 현실로 더 빨리 나타날 것이다.

미래의 모습을 관찰하라

이제는 당신의 삶에 일어난 모든 일들이 계속해서 반복되고 있다는 사실을 이해할 것이다. 과거의 기억이 사라지지 않고, 현재와 미래를 계속해서 만들고 있기 때문이다. 지금 당신은 가난한가?, 사업이 잘 안 되는가?, 건강이 나쁜가?, 인간관계가 좋지 않은가? 그 밖에 어떤 것이라도 현실은 바꿀 수 없다. 결과로 결과를 바꿀 수 없다. 눈에 보이는 결과를 바꾸려면, 눈에 보이지 않는 원인을 바꿔야 한다. 당신이 과거의 기억을 리셋하기 전에 외부의 결과들을 변화시키려는 것은, 자연의 법칙에 대항해 싸우는 것이다. 멘탈 리셋, 즉 내부의 원인에서 변화가 찾아오지 않았다면, 외부의 결과는 절대로 변화지 않는다. 당신이 상호의존성을 따르는 멘탈을 상호침투성으로 리셋하지 않고서 문제를 해결한다면, 그것은 단지 다른 문제로 대체시킨 것일 뿐이지, 현실은 절대 바뀌지 않는다. 문제는 여전히 그대로 남아있기 때문이다. 반면에 당신의 멘탈이 상호침투성으로 리셋이 되는 순간, 씨앗은 싹을 틔우고 원하는 열매를 맺을 것이다.

자! 그렇다면 당신의 멘탈이 태양의 입장으로 리셋이 될 때까지, 계속해서 당신이 원하는 미래의 모습을 내면화시켜라. 그러면 당신이 원하는 것을 이미 현실로 받은 것처럼 느낄 것이다. 그 느낌이 우주로부터 당신이 원하는 것을 현실로 끌어당길 것이다. 그러려면 당신이 원하는 미래의 모습에 대해 의지나 의심, 감정이나 집착이 일어나지 않도록 '관조적 관찰'을 해야 한다. 관조적 관찰은 관조자가 지구의 입장이 아니라, 태양의 입장에서 미래의 모습을 제3자의 눈으로 바라보는 자기탐구를 말한다.

관조적 관찰은 미래의 모습에 주의와 집중하는 자아의 지향성을 멈추게 한다. 주의와 집중은 당신이 원하는 미래의 모습에 집착하게 한다. 집착은 미래의 모습을 이루려는 의지를 불러일으킨다. 의지는 기대를 낳는다. 기대는 실망을 낳고 실망은 좌절을 낳는다.

이렇게 의지가 개입되면, 당신의 의도와 정반대의 결과가 나오게 된다. 그래서 집착을 내려놓게 하려면, 미래의 모습에 대해 관조적 관찰이 필요하다.

관조적 관찰의 첫 번째 단계는 '그냥'이다. 그냥은 결코 다른 사람을 향한 부러움이나 흉내 내기가 아니라, 당신의 미래 모습을 있는 그대로 바라보는 것이다. 그 결과 성공/실패, 좋음/나쁨, 옳음/그름 등의 상호의존성은 사라진다. 그럼에도 관조적 관찰하는 동안 아직 이루어지지 않는 미래의 모습이 불안하고 초조할 것이다.

그래서 관조적 관찰의 두 번째 단계는 '그저'이다. 그저는 미래의 모습을 비난하거나 비판하는 것이 아니라, 인정하는 것이다. 관조자가 미래의 모습에 대해 얽매고 있는 수많은 조건들과 과거의 기억들을 그저 있는 그대로 바라보고 받아들이는 것이다.

예를 들어 사탕을 매우 집착하는 사람이 있었다. 어느 날 사탕을 하나씩 하나씩 입에 넣고 단맛을 '그냥' 느끼고 또 느끼면서, 그는 계속 사탕을 먹는 자신을 '그저' 관찰하며 받아들였다. 잠시 후 그는 어떤 변화를 알아차렸다. 그 강렬한 단맛이 더 이상 자극적이지 않았고 싫증나기 시작 했으며, 그렇게 짜릿했던 쾌락도 사라졌다. 그렇게 그는 사탕에 대한 집착을 영원히 끊을 수 있다. 이렇게 관조자가 미래의 모습을 '그냥' 관찰하여 전체 사고를 '그저' 이해하게 되면, 당신이 원하는 미래의 모습에 대한 집착이 저절로 사라진다.

그럼에도 당신이 "원하는 것이 이미 이루어져 있다."라고 말하면, 아마 당신의 마음 한구석에서는 "그것은 이루어져 있지 않다." 라고 반박할 것이다. 그러면 미래의 모습에 대해 부정적인 감정이 일어날 것이다. 반대로 당신이 원하는 것이 이미 이루어져 있다고 생각하면 긍정적인 감정이 일어날 것이다. 여기서 잊지 말아야 할 것은 긍정적인 감정이든 부정적인 감정이든 상관없이, 모두 당신의 의도와 정반대의 결과가 현실로 나타난다는 것이다.

그래서 당신의 미래 모습에 대해 일어나는 감정에 그냥 이름을 붙인 다음, 관조자의 눈으로 그저 관찰하여 감정을 식혀버려야 한다. 이를테면 긍정적인 감정이 일어날 때는 "이건 기쁨이야.", "이건 즐거움이야."라는 식으로 감정에 그냥 이름을 붙이고, 부정적인 감정이 일어날 때는 "이건 의심이야.", "이건 불안이야." "이건 두려움이야."라는 식으로 감정에 그냥 이름을 붙인 후, 관조자의 눈으로 객관적으로 감정을 그저 바라보라. 그러면 긍정적인 감정이든 부정적인 감정이든 진정될 것이다. 결국, 당신이 자신의 감정을 거울에 비춰보듯이 있는 그대로 본다면, 당신을 집어삼킬 듯했던 감정 덩어리가 맥없이 사그라져버린다. 그제야 편안함이 생긴다.

당신이 관조적 관찰을 통하면, 당신의 미래의 모습이 긍정적인 감정이든지 부정적인 감정이든지, 있는 그대로 받아들이는 큰 힘을 갖게 된다. 관조자가 있는 그대로 감정을 바라본다는 것은, 바로 미래의 모습에 집착하려는 자아의 지향성을 멈추는 것이다. 이 방법 외에 다른 어떤 방법도 집착을 내려놓게 하지는 못한다. 이처럼 당신은 미래의 모습을 있는 그대로 받아들이면, 당신이 원하는 것을 현실로 이미 받은 것에 감사하는 마음과 동일한 상태가 된다. 당신이 원하는 것을 이미 받은 것이라면, 의지로 노력할 필요가 있겠는가. 소풍가듯 편안하게 기다리면 된다. 그러면 집착도 저절로 사라지게 된다.

관조적 관찰도 마찬가지로 관조자가 감정을 어떻게 바꿔보려고 애쓰면, 의지가 생긴다. 그래서 관조자는 어떤 노력도 하지 말아야 한다. 나아가 관조적 관찰(자기탐구)을 하고 있다는 생각조차 하지 말아야 한다. 의지가 일어나면, 관조자는 태양의 입장에서 지구의 입장으로 바뀌기 때문이다. 심지어 관조자라는 생각조차도 하면 안 된다. 단지 관조자가 감정을 그냥 제3자의 눈처럼 그저 관찰하는 것이다. 그러면 마음은 아무것도 의식하지 않고 고요해진다. 모든 의지와 모든 생각과 모든 감정이 사라지면, 아무것도 의식하지 않는 침묵만이 남을 것이다.

이렇듯 당신이 원하는 미래의 모습에 대한 감정과 집착을 내려놓게 하는 유일한 방법은, 관조적 관찰밖에 없다. 그러니 당신은 자아의 모든 활동을 관찰하여, 전체 사고를 이해하는 관조적 관찰을 쉬지 않고 계속해야 한다. 관조적 관찰의 진정한 목적은 미래의 모습을 있는 그대로 보는 것, 미래의 모습을 있는 그대로 인정하는 것, 그리고 미래의 모습이 이루어지는 대로 받아들이는 것이다. 미래 모습을 집착 없이 수용하고 편안한 마음이 될 수 있는 길은 그 것밖에 없다. 그러면 당신은 원하는 것을 이미 받은 것에 감사하는 마음의 상태가 된다.

명심하자. '비밀'의 감정은 '편안함'이다. 당신은 단지 상상 그 자체만으로는 무엇도 만들어 내지 못하고, 어떤 일도 할 수 없다. 하지만 당신이 미래의 모습을 이미 이루어진 것처럼 편안하게 느낄 수 있다면, 감사하는 마음의 상태가 된다. 그러면 당신이 원하는 것이 무엇이든 현실로 나타나는 것을 어떤 것도 막을 수 없다.

◆ '비밀'을 작동하게 하는 멘탈 리셋의 1단계는 당신이 원하는 것을 의지 없이 '상상하라'다. 2단계는 상상이 이미 이루어져 있다고 의심 없이 '믿어라'다. 3단계는 당신이 원하는 것을 이미 받은 것에 '감사하라'다. '원하는 것'은 큰 것이든 작은 것이든 상관이 없다. 당신은 삶의 모든 일들을 '비밀'이 작동하는 멘탈로 리셋하는 것이 중요하다.

◆ 단계마다 당신의 멘탈을 상호의존성에서 상호침투성으로 리셋하는 방법이 필요하다. 첫 번째 방법은 상상을 주입시키는 '자기암시'다. 두 번째 방법은 자아(생각)를 관찰하는 '자기탐구'다.

◆ 당신이 원하는 것을 얻지 못했다면 의지로 노력했든지, 의심을 가졌든지, 이미 받은 것에 감사하지 않았기 때문이다. 당신이 원하는 것을 얻는 데는 얼마나 의지 없이 상상했느냐, 얼마나 의심 없는 믿음을 가지고 있느냐, 이미 받은 것에 얼마나 감사하느냐에 정확하게 비례한다.

◆ 상상하라(1단계).

상상은 당신이 원하는 결과의 궁극적 모습을 씨앗 안에 잠재시킬 수 있다. 다만 당신이 의지 없이 상상해야 그 강한 에너지(미립자)를 내뿜고, 우주는 그 에너지를 받아 마음속에 그린 이미지를 현실로 만들어 되돌려준다.

- 당신이 상상을 의지 없이 하도록 원하는 것의 최종 결과를 소망 선언문으로 작성하라. 당신에게 의지가 생기면, "그것은 내가 아니다. 그렇다면 내가 원하는 것은 무엇인가?"를 물어라. 그리고 소망 선언문을 때와 장소, 기분에 상관없이 반복해서 읽어라. 영화를 보듯 당신의 소망이 이미 이루어진 것처럼 느끼면서 읽어라. 이것이 당신의 멘탈을 최종 결과로부터 의지 없이 상상하도록 리셋하는 것이다.

- 원인과 결과를 연결해 주는 것이 바로 행동이다. 당신이 원하는 것이 얻으려면, 당연히 무위로 행동을 해야 한다. 인위로 하는 행동은 당신의 의도와 정반대의 결과를 낳는다.

• 당신이 의지를 사라지게 하려면, 생각을 사리지게 하는 '수동적 주시'가 필요하다. '수동적 주시'는 관조자가 떠오르는 생각(관찰자)을 그저 주시하면서, 전체 사고를 이해하여 상호의존성을 사라지게 한다. 그러면 당신의 멘탈이 리셋 되어 의지도 자연히 사라진다.

◆ '믿어라(2단계)'.

믿음이란 상상이 이미 이루어져 있다는 것을 자기 자신에게 확신시키는 것이다. 우주는 당신이 원하는 것이 무엇이든 이미 이루어 놓았지만, 당신은 단지 눈에 보이지 않는다는 이유만으로 그것을 믿지 않는다. 당신이 이미 이루어진 것을 믿지 않는다는 증거가 바로 의지가 생기나, 의심을 하거나, 기대가 있거나, 집착을 하거나, 감정이 생기는 것이다. 다시 말해 당신이 원하는 것이 이미 이루어져 있다면 의지나 의심, 기대나 집착, 감정 등이 생기지 않는다. 사실 당신의 마음에서 일어나는 모든 것들은 이미 이루어져 있다고 믿지 않기 때문이다. 그래서 믿음은 의심하지 않고 눈에 보이지 않는 것을 믿는 것이다. 믿음은 당신의 마음속에 심은 씨앗을 움틔워 뿌리를 키운다. 우주는 당신이 원하는 것이 무엇이든 이미 이루어져 있다고 믿기만 하면, 현실로 반드시 나타나게 한다.

• 당신에게 의심스러운 생각이 들면, "그것은 내가 아니다. 내가 원하는 것은 무엇인가?"를 물어라. 그리고 영화를 보듯이 "나는 날마다 상상이 점점 더 이루어지고 있다."라고 의심이 사라질 때까지, 자기암시를 멈추지 마라. 이것이 당신의 멘탈을 의심 없이 믿도록 리셋하는 것이다.

• 당신의 과거에 규정된 조건들이 현실과 만날 때 의심이 생긴다. 당신의 마음에서 의심스러운 생각 자체를 사라지게 하려면, 관조자가 과거의 기억(관찰자)을 '무선택적 응시'해야 한다. 그러면 당신의 멘탈이 리셋 되어, 과거의 기억에서 상호의존성이 사라져 의심도 저절로 사라진다.

◆ '감사하라(3단계)'.
감사는 당신이 씨앗을 뿌리고 키워 맺은 열매에 대한 마음가짐이다. 감사하는 마음은 우주의 창조 에너지(미립자)와 밀접한 조화를 이루게 한다. 그러면 당신이 원하는 것을 우주로부터 현실로 끌어 당기게 된다.

- 당신이 감사하는 만큼 익숙한 것들은 저절로 멀어진다. 당신이 익숙한 것들과 결별하기 위한 가장 좋은 방법은, 매일 '감사 일기장'을 작성하는 것이다. 당신이 모든 일에 대해 감사해하면, 놀랍게도 감사해야 할 일들이 끊임없이 꼬리를 물고 이어진다. 이것이 당신의 멘탈을 이미 받은 것에 감사하도록 리셋하는 것이다.

- 당신의 멘탈이 상호침투성의 법칙을 따르면, 고요하고 평화로운 편안한 느낌만 있다. 이렇게 아무 근심걱정이 없는 편안함을 느낄 수 있다는 것은, 지금 이 순간을 살고 있는 것이다.

- 당신이 원하는 미래의 모습에 대해 감정이나 집착이 일어나면, '관조적 관찰'을 해야 한다. 관조자가 미래의 모습을 '그냥' 관찰하여 전체 사고를 '그저' 이해하게 되면, 멘탈이 리셋 된다. 그러

면 당신이 원하는 미래의 모습에 대한 감정이나 집착이 저절로 사라진다. 더불어 당신이 미래의 모습을 이미 받은 것처럼 편안하게 느껴, 감사하는 마음의 상태가 된다. 이것이 우주와 당신이 하나가 된 상태다. 그렇게 하나가 되면, 당신이 원하는 것이 무엇이든 현실로 나타나는 것을 어떤 것도 막을 수 없다.

책은 하나의 작은 우주다.

– 라이프니츠 Gottfried Wilhelm von Leibniz

이제 새로운 시대가 도래했다. 이 책의 '비밀'을 믿고 멘탈을 리셋하면, 그 결과는 분명하다.

세상에는 가난이란 없고 가난한 사람도 없다. 나아가 고통, 갈등, 질병, 폭력과 전쟁 등도 모두 사라질 것이다. 왜냐하면 나의 어머니 말처럼, 이 책은 하나님(진리)이 들어 있기 때문이다. 이 책의 '비밀'은 중력의 법칙만큼이나 정확하다. 그러므로 '비밀'의 원리와 작동하게 하는 멘탈 리셋은 틀림없는 과학이다.

이 책에서 말하는 '비밀' 외에 당신이 다른 방법을 찾으려 한다면, 완벽한 실패만 맛보게 될 것이다.

그러니 다른 방법에 관한 모든 개념은 지금 이 순간부터 완전히 버려라.

이 책을 내 몸의 일부라고 생각하고 매일 휴대하라.

이 '비밀'을 온전히 믿게 될 때까지 반복해서 읽어라.

마음의 법칙들이 하나하나 기억에 새겨지도록 끊임없이 생각하라.

의심하는 마음이 든다면, 그것을 악마라 생각하고 떨쳐버려라.

이 책의 '비밀'과 상충되는 논리에 귀를 기울이지 마라.

반대되는 개념을 설교하거나 가르치는 단체나 강연에는 가지 마라.

이와 다른 생각을 가르치는 책도 읽지 마라.

신념이 혼란에 빠지면 모든 노력이 물거품이 될 것이다.

이 책의 '비밀'이 왜 진실인지 어떻게 현실이 될 수 있는지 따지는 사람을 이해시키려고 하지 마라. 그들은 예수와 부처도 이해시키지 못한다. 그들의 인생은 그들이 살도록 내버려 두어라. 당신은 다만 당신이 원하는 것을 상상하고 믿고 감사하라.

당신이 원하는 것이 무엇이든 얻을 수 있는 도구는 당신이 가지고 있다.

이 책은 단지 그 도구의 사용법을 안내하는 안내자에 불과하다. 현실로 나타나게 하는 건 당신의 멘탈이다. 이제 당신은 '비밀'의 문을 열 수 있는 열쇠를 가지게 되었다. 그렇다면 당신은 '비밀'의

문을 열 준비가 되어 있는가? 이 책은 당신을 '비밀'의 문 앞까지는 안내할 수 있어도, 문을 여는 열쇠는 오직 자기 자신밖에 없다.

자! 이제 당신 차례다.

당신이 원하는 것이 절실한 시기에 이 '비밀'을 외면한다는 것은, 당신이 '비밀'을 믿지 않는다는 증거다. 당신의 상황이 가장 좋지 않을 때, 바로 그때가 당신이 원하는 것이 무엇이든 이미 이루어져 있다는 이 '비밀'을 스스로에게 입증할 가장 최적기다. 이 '비밀'이 당신의 마음속에 확고히 자리 잡아 습관적인 사고가 될 때까지, 무소의 뿔처럼 혼자서 멘탈을 리셋하라.

"상상하라, 믿어라, 감사하라. 그러면 원하는 것이 무엇이든 얻을 것이다."

마지막으로 당부할 말은 실천을 중단하는 사람은, 원하는 것을 절대로 얻지 못한다는 것이다. 인류 역사상 위대했던 사람들은 중단하는 일이 결코 없었다는 사실을 명심하라. 그리고 이 '비밀'을 주변 사람들에게 널리 알려라. 대신 사람들이 스스로 멘탈을 리셋하도록 도움을 주되, 결코 강요하지는 마라.

인류가 가난에서 벗어날 수 있는 유일한 길은, 모든 사람들이 이 '비밀'을 실천해서 전부 부자가 되는 방법뿐이다. 이것이 인류가 가난에서 해방될 수 있는 최상의 지름길이다.

복성福星

[참고 문헌]

《7가지 행복 명상법》, 로저 월시 저, 문일경, 백지연 외 1명 역, 김영사 2007.

《감각과 영혼의 만남》, 켄 윌버 저, 조효남 역, 범양사, 2000.

《국가》, 플라톤 저, 박종현 역, 서광사, 2005.

《꼭 알고 싶은 심리학의 모든 것》, 강현식 저, 소울메이트, 2010.

《꿈꾸는 다락방》, 이지성(작가) 저, 국일미디어, 2008.

《끌어당김의 법칙》, 마이클로지에 저, 이수경 역, 웅진윙스 2007.

《나는 누구인가》, 라마나 마하라쉬 저, 청하, 2005.

《네빌 고다드의 부활》, 네빌 고다드 저, 이상민 역, 서른세개의계단, 2014.

《노자와 21세기1~3》, 김용옥 저, 통나무, 1999.

《노자의 도덕경》, 노자 저, 최태웅 역, 새벽이슬신문사, 2011.

《놓치고 싶지 않은 나의 꿈 나의 인생1~3》, 나폴레온 힐 저, 이지현 역, 국일미디어, 2015.

《뇌 생각의 출현》, 박문호 저, 휴머니스트, 2008.

《니체의 말》, 프리드리히 니체 저, 시라토리 하루히코 외 1명 역, 삼호미디어, 2010.

《닫힌 방 악마와 선한 신the Devil and Good Lord》, 장 폴 사르트르 저, 지영래 역, 민음사, 2013.

《더 해빙》, 이서윤, 홍주연 저, 수오서재, 2020.

《도덕경》, 노자 저, 이석명 역, 올재, 2014.

《마음의 과학1, 2》,어니스트 홈즈 저, 이상민 역, 서른세개의계단, 2013.

《마이어스의 주머니 속의 행복》, 데이비드 G. 마이어스 저, 김영곤 외 2명 역, 시그마북스, 2008.

《모든 것의 역사》, 켄 윌버 저, 조효남 역, 김영사, 2015.

《무경계》, 켄 윌버 저, 김철수 역, 정신세계사, 2012.

《무지의 구름》, 무명의 형제 저, 유재덕 역, 강같은평화, 2011.

《백만장자 시크릿》, 하브 에커 저, 나선숙 역, 알에이치코리아(RHK), 2008.

《부자가 되는 과학적 방법》, 월러스 워틀스 저, 지갑수 역, 이담북스, 2019.

《삶의 과학》, 알프레드 아들러 저, 정명진 역, 부글북스, 2014.

《상자 안에 있는 사람 상자 밖에 있는 사람》, 아빈저 연구소 저, 이태복 역, 물푸레, 2001.《뇌는 하늘보다 넓다》, 제럴드 에델만 저, 김한영 역, 해나무, 2006.

《생각하는 힘, 노자의 인문학》, 최진석 저, 위즈덤하우스, 2015.

《선악의 저편, 도덕의 계보》, 프리드리히 니체 저, 김정현 역, 책세상, 2002.

《세상에서 가장 아름다운 용기》, 켄 윌버 저, 김재성 역, 한언, 2006.

《세상은 당신의 명령을 기다리고 있습니다》, 네빌 고다드 저, 이상민 역, 서른세개의계단, 2009.

《소유냐 존재냐》, 에리히 프롬 저, 차경아 역, 까치, 1996.

《시크릿》, 론다 번(방송작가) 저, 김우열 역, 살림Biz, 2007.

《신의 위대한 질문》, 배철현 저, 21세기북스, 2015.

《아는 것으로부터의 자유》, 지두 크리슈나무르티 저, 정현종 역, 물병자리, 2002.

《아이 투 아이》, 켄 윌버 저, 김철수 역, 대원출판사, 2004.

《안티크리스트》, 프리드리히 니체 저, 두행숙 역, 부북스, 2016.

《앵무새 죽이기》, 하퍼 리 저, 김욱동 역, 열린책들, 2015.

《어린 왕자》, 생텍쥐페리 저, 황현산 역, 열린책들, 2015.

《영원의 스승들》, 게하르트 베르 저, 최호영 역, 뜰, 2008.

《영원의 철학》, 올더스 헉슬리 저, 조옥경 역, 김영사, 2014.

《왓칭》, 김상운 저, 정신세계사, 2011.

《왓칭2》, 김상운 저, 정신세계사, 2016.

《왕필의 노자》, 왕필 저, 임채우 역, 예문서원, 1998.

《음양이 뭐지?》, 전창선, 어윤형 저, 와이겔리, 2009.

《의식 영성 자아초월 그리고 상보적 통합》, 조효남 저, 학수림, 2008.

《의식 혁명》, 데이비드 호킨스 저, 백영미 역, 판미동, 2011.

《의식을 넘어서》, 스리 니사르가닷따 마하라지 저, 탐구사, 2006.

《의식의 기원》, 줄리언 제인스 저, 김득룡 역, 한길사, 2005.

《의식의 스펙트럼》, 켄 윌버 저, 박정숙 역, 범양사, 2006.

《이성의 운명에 대한 고백》, 임마누엘 칸트 저, 김상현 역, 아이세움, 2010.

《인간의 위대한 질문》, 배철현 저, 21세기북스, 2015.

《인간이란 무엇인가》, 에른스트 캇시러 저, 최명관 역, 서광사, 1989.

《일반언어학 강의》, 페르디낭 드 소쉬르 저, 최승언 역, 민음사, 2006.

《있는 그대로(스리 라마나 마하리쉬의 가르침)》, 데이비드 갓맨 저, 정창영 역, 한문화, 1998.

《자기 조직하는 우주》, 에리히 얀치 저, 홍동선 역, 범양사, 1989.

《자기로부터의 혁명1~3》, 지두 크리슈나무르티 저, 권동수 역, 범우사, 1999.

《자기암시》, 에밀 쿠에 저, 김동기 외 1명 역, 화담, 2012.

《자아초월 심리학과 정신의학》, Bruce W. Scotton, Alian B. Chinen 외 1명 저, 김명권 외 2명 역, 학지사, 2008.

《장자》, 장자 저, 김원일 역, 북마당, 2012.

《종교의 미래》, 하비 콕스 저, 김창락 역, 문예출판사, 2010.

《죽음의 수용소에서》, 빅터 프랭클 저, 이시형 역, 청아출판사, 2005.

《지적 대화를 위한 넓고 얕은 지식1, 2》, 채사장 저, 한빛비즈, 2015.

《진리의 꽃다발 법구경》, 장철문 저, 아이세움, 2006.

《진리의 말씀》, 법정 저, 나무심는사람, 1999.

《진화심리학》, 데이비드 버스 저, 이충호 역, 웅진지식하우스, 2012.

《침묵의 세계》, 막스 피카르트 저, 최승자 역, 까치, 2008.

《켄 윌버의 신》, 켄 윌버 저, 조옥경 외 1명 역, 김영사, 2016.

《켄 윌버의 아이 오브 스프릿》, 켄 윌버 저, 김철수 역, 학지사, 2015.

《켄 윌버의 통합비전》, 켄 윌버 저, 정창영 역, 물병자리, 2008.

《코스믹게임》, 스타니슬라프 그로프 저, 김우종 역, 정신세계사, 2008.

《탈무드》, 마빈 토카이어 저, 이동민 역, 인디북스, 2001.

《통합심리학》, 켄 윌버 저, 조옥경 역, 학지사, 2008.

《프로이트 심리학 입문》, 캘빈 S. 홀 저, 유상우 역, 홍신문화사, 2010.

《현대인의 의식 지도》, 데이비드 호킨스 저, 주민아 역, 판미동, 2016.

《호오포노포노의 비빌》, 조 바이텔 저, 황소연 역, 눈과마음, 2008.

멘탈 리셋
부와 성공의 '비밀'

초판 1쇄 인쇄 2021년 10월 11일
초판 2쇄 발행 2024년 06월 25일

지은이 | 복성
펴낸이 | 최근봉
펴낸곳 | 도서출판 넥스웍
등록번호 | 제2014-000069호
주소 | 경기도 고양시 일산동구 장백로20 동문굿모닝힐 102동 905호(백석동)
전화 | 031) 972-9207
팩스 | 031) 972-9208
이메일 | cntpchoi@naver.com

ISBN: 979-11-88389-23-0 (03190)